I tre mostri invisibili.

Chi sono e come combatterli.

I tre mostri invisibili

IRENE MELLACE

PROLOGO

"Amati, Amati sempre; Abbi rispetto di te stesso. **Prenditi sempre del tempo per coccolarti, curarti, farti bello, nell'arco delle ventiquattro ore non dimenticare mai di ritagliare almeno un'ora di tempo per guardarti allo specchio e domandarti:** *sono davvero felice? Sto dando il massimo di me stesso mettendo in luce le mie migliori qualità per potermi realizzare?* **Ho bisogno di aiuto, consigli, suggerimenti o supporti materiali ed emotivi per arrivare a concretizzare il mio obiettivo? Ma soprattutto, mi sono posto un obiettivo valido che dà alla mia vita un senso e la rende così degna di essere vissuta? Mi circonda gente che mi vuole bene, mi apprezza, mi capisce e mi aiuta nei momenti difficili? I contesti e le situazioni che vivo e mi circondano mi fanno sentire viva, florida, produttiva o mi fanno "sfiorire", sentire triste, spento e non valorizzato? Riesco a saper discernere il bene dal male, il vero dal**

falso, il giusto dallo sbagliato, il positivo dal negativo, la realtà dalla finzione, la lealtà dall'inganno e così via per una miriade di altre diciture? Dalle risposte che trai, capirai se la vita che vivi è adatta ai tuoi standard, ai tuoi sogni, alle tue aspettative o semplicemente stai reprimendo un forte senso di insoddisfazione adattandoti ad un contesto che in realtà non ti appartiene? A lungo termine queste situazioni faranno scaturire strane e spiacevoli situazioni psicofisiche le quali ogni anno in tutto il mondo causano migliaia e migliaia di suicidi. Nei prossimi capitoli vedremo meglio insieme di cosa si tratta, ma nel frattempo, non dimentichiamo ogni giorno di porci questi interrogativi e annotare su un pezzetto di carta cosa ci appaga e cosa vorremmo cambiare radicalmente."

Capitolo I   Chi è l'ansia?

Tutti almeno una volta nella vita abbiamo sentito parlare di ansia; ma cosa, o meglio, chi è realmente questo mostro?

Ansia è un termine che viene usato per indicare delle reazioni cognitive, comportamentali e fisiologiche le quali si presentano in seguito alla percezione di uno stimolo ritenuto minaccioso e nei cui confronti non ci riteniamo sufficientemente capaci di reagire. L'ansia, non è un fenomeno anormale. Si tratta di un'emozione di base, che comporta uno stato di attivazione dell'organismo quando una situazione viene percepita soggettivamente come pericolosa.

Dal punto di vista cognitivo i sintomi tipici dell'ansia sono:

- *il senso di vuoto mentale;*

- *un senso crescente di allarme e di pericolo;*

- *l'induzione di immagini, ricordi e pensieri negativi;*

- *la messa in atto di comportamenti protettivi cognitivi;*

- *la sensazione marcata di essere osservati e di essere al centro dell'attenzione altrui.*

Nella specie umana l'ansia si manifesta in una tendenza immediata all'esplorazione dell'ambiente, nella ricerca di spiegazioni, rassicurazioni e vie di fuga. La strategia principale istintiva di gestione dell'ansia è l'evitamento della situazione. Sono frequenti inoltre comportamenti protettivi (farsi accompagnare, assumere ansiolitici al bisogno, ecc.), anassertivi e di sottomissione.

L'ansia, è spesso accompagnata da manifestazioni fisiche e fisiologiche quali:

- tensione

- tremore

- sudore

- palpitazione

- **aumento della frequenza cardiaca**

- vertigini

- nausea

- *formicolii alle estremità ed intorno alla bocca*

- *derealizzazione e depersonalizzazione.*

Palpitazioni

Occorre, per quanto possibile, distinguere diverse condizioni riferibili alle palpitazioni: il cardiopalmo, la tachicardia e l'aritmia. Quest'ultima, si presenta spesso con battiti irregolari durante le loro attività giornaliere ed è più probabile che si presentino quando la persona è in ansia. Può essere provocata da una serie di agenti quali nicotina, caffeina, alcol e squilibrio elettrolitico. Spesso l'interpretazione data a tale sintomo fisico durante uno stato ansioso è legata all'idea di avere un infarto. Questo non ha conseguenze dannose dal punto di vista medico.

Dolore toracico

È un sintomo fisico il quale può presentarsi durante periodi di ansia elevata in assenza di un disturbo cardiaco. Può quindi derivare da fonti diverse quali la respirazione toracica e i problemi gastrointestinali (es. reflusso esofageo o spasmi esofagei). Quando la persona vede catastroficamente le cause benigne del dolore è possibile che lo stato ansioso aumenti portando anche al panico. Ma in realtà sappiamo che quando emerge uno stato ansioso molto elevato, il corpo produce adrenalina la quale causa un aumento del battito cardiaco e il corpo lavora più rapidamente. È un modo evolutivo per preparare meglio la persona a gestire le situazioni di pericolo. Se l'adrenalina danneggiasse il cuore, come avrebbe potuto l'uomo sopravvivere sino ad oggi? Dunque, la tachicardia dovuta agli stati ansiosi non causa attacchi di cuore; deve esserci qualcosa di patologico, perché questo accada.

Sensazione di mancanza di respiro

Respirare è un'azione

 funziona indipendentemente da ciò che

un soggetto pensa o fa, è automaticamente controllata dal cervello. Infatti i controlli cerebrali funzionano anche quando si cerca di smettere di respirare. La sensazione di mancanza di respiro è molto frequente nei disturbi d'ansia e deriva dalla protratta e ripetuta respirazione toracica (pettorale). Infatti, una risposta fisica allo stress è la correlata dominanza della respirazione toracica su quella addominale che porta all'affaticamento dei muscoli intercostali, che si sforzano e hanno spasmi che causano disagio e dolori pettorali determinando la mancanza di sensazione di respiro. Se non si riesce a capire che queste sensazioni sono indotte dalla respirazione toracica, allora sembreranno improvvise, spaventose, portando il soggetto ad allarmarsi ulteriormente.

Nausea o disturbi addominali

Lo stomaco si contrae e si rilassa in modo regolare e costante. Quando questo ritmo è disturbato si presenta la nausea. Diversi fattori possono portare a questa sensazione fisica come l'ingestione di certi cibi, i problemi vestibolari, l'ipotensione posturale o anche stimoli neutri. La funzione dell'alimentazione e della digestione sono le prime a bloccarsi durante uno stato di allerta, ma se il soggetto interpreta erroneamente la nausea come un segno del conato di vomito è più probabile che l'ansia aumenti e conduca al panico. Ma, fortunatamente, che la nausea conduca al vomito accade raramente, è più probabile che le persone sopravvalutino questa eventualità.

Tremori e sudorazione

I primi sono movimenti involontari, oscillatori e ritmici di una o più parti del corpo, causati dalla contrazione alternata di movimenti muscolari antagonisti. La sudorazione invece aiuta a controllare la temperatura corporea, che si innalza quando si manifestano stati ansiosi. Infatti, lo stress stimola il sistema nervoso simpatico con aumento dei livelli di adrenalina e noradrenalina che stimolano un incremento del metabolismo, aumentando così la produzione del calore e la conseguente sudorazione utile all'abbassamento della temperatura corporea. Nuovamente, maggiore è l'attenzione e la catastrofizzazione rispetto a tali sintomi fisici maggiore sarà la probabilità che questi aumentino di intensità.

Vertigini

Le vertigini sono il prodotto dell'illusione del movimento di sé o dell'ambiente. Consistono in sensazioni di confusione o di giramenti, di capogiri o di stordimenti. Quando le informazioni provenienti dal sistema dell'equilibrio (sistema visivo, somatosensoriale e vestibolare) entrano in conflitto si verificano le vertigini. I problemi dell'equilibrio e i sintomi fisici associati (instabilità, ansia, sudore freddo, palpitazioni) possono presentarsi anche in seguito ad ansia, iperventilazione e reazioni comuni allo stress come stringere la mascella e digrignare i denti. Ovviamente l'intensità delle vertigini può aumentare se viene data maggiore attenzione a queste sensazioni.

Derealizzazione o depersonalizzazione

La depersonalizzazione (sensazione di irrealtà) o la depersonalizzazione (sentirsi distaccati da sé stessi), sono esperienze che possono essere indotte da stanchezza, deprivazione del sonno, meditazione, rilassamento o l'uso di sostanze, alcol e benzodiazepine. Vi sono anche altre cause più sottili legate a brevi periodi di deprivazione sensoriale o riduzione di input sensoriali, come ad esempio fissare 3 minuti un punto su un muro. L'aspetto curioso è che, anche qui, il circolo vizioso si instaura in base all'interpretazione data a questi sintomi fisici. Quando si sperimenta depersonalizzazione o derealizzazione (esperienza che un terzo della popolazione ha sperimentato) più un soggetto si spaventa, più respira, più si carica di ossigeno (eliminando anidride carbonica) più aumenta la sensazione di depersonalizzazione o derealizzazione.

La paura della paura

I sintomi fisici dell'ansia spesso spaventano generando circoli viziosi, ovvero la cosiddetta "paura della paura". Tuttavia essi dipendono dal fatto che, ipotizzando di trovarsi in una situazione di reale pericolo, l'organismo in ansia ha bisogno della massima energia muscolare a disposizione, per poter scappare o attaccare in modo più efficace possibile, evitando il pericolo e garantendosi la sopravvivenza. L'ansia, quindi, non è solo un limite o un disturbo, ma costituisce un'importante risorsa. È quindi una condizione fisiologica efficace in molti momenti della vita per proteggerci dai rischi, mantenere lo stato di allerta e migliorare le prestazioni (ad es. sotto esame). Quando l'attivazione del sistema di ansia è eccessiva, ingiustificata o sproporzionata rispetto alle situazioni, però, ci troviamo di fronte a un disturbo d'ansia, che può complicare notevolmente la vita di una persona e renderla incapace di affrontare anche le più comuni situazioni.

I disturbi d'ansia

Vediamo quali sono i sintomi dell'ansia più comuni.

1-   fobie specifiche

Quando si parla di fobie ci si riferisce in genere a: fobia dei cani, fobia dei gatti, fobia dei ragni, fobia degli spazi chiusi, fobia degli insetti, fobia dell'aereo, fobia del sangue, fobia delle iniezioni, ecc. .Più precisamente, esistono le fobie generalizzate (agorafobia e fobia sociale), fortemente invalidanti, e le comuni fobie specifiche, generalmente ben gestite dai soggetti evitando gli stimoli temuti, che si classificano così: Tipo animali. Fobia dei ragni (aracnofobia), fobia degli uccelli o fobia dei piccioni (ornitofobia), fobia degli insetti, fobia dei cani (cinofobia), fobia dei gatti (ailurofobia), fobia dei topi, ecc...Tipo ambiente naturale. Fobia dei temporali (brontofobia), fobia delle altezze (acrofobia), fobia del buio (scotofobia), fobia dell'acqua (idrofobia), ecc... Tipo sangue-iniezioni-ferite. Fobia del sangue (emofobia), fobia degli aghi, fobia delle siringhe, ecc... In generale, se la paura viene provocata dalla vista di sangue o di una ferita o dal ricevere un'iniezione o altre procedure mediche invasive. Tipo situazionale. Nei casi in cui la paura è provocata da una situazione specifica, come trasporti pubblici, tunnel, ponti, ascensori, volare (aviofobia), guidare, oppure luoghi chiusi (claustrofobia o agorafobia). Nel caso in cui la paura è scatenata da altri stimoli come: il timore o l'evitamento di situazioni che potrebbero portare a soffocare o contrarre una malattia ecc. Una forma particolare di fobia riguarda il proprio corpo o una parte di esso, che il soggetto vede come orrende, inguardabili, ripugnanti (dismorfofobia). È importante chiarire che il tipo di fobia da cui si è affetti non ha alcun significato simbolico inconscio, come invece viene suggerito da alcuni psicoanalisti, e la paura specifica è legata unicamente ad esperienze di apprendimento errato involontario (non necessariamente ricordate dal soggetto), per cui l'organismo associa involontariamente pericolosità ad un oggetto o situazione oggettivamente non pericolosa. Si tratta, in sostanza, di un processo di cosiddetto "condizionamento classico". Questo condizionamento resta inalterato nel tempo a causa dello spontaneo evitamento sistematico che i soggetti fobici mettono in atto rispetto alla situazione temuta.

2- *Agorafobia*

Il termine agorafobia deriva dalla parola greca Agorà che significa piazza; infatti, i primi utilizzi della parola in psicologia e psichiatria si rivolgevano a persone che avevano paura di recarsi in posti affollati. In realtà, i pazienti con sintomi di agorafobia temono le situazioni in cui è difficile scappare o ricevere soccorso; di conseguenza, essi evitano tali luoghi al fine di controllare l'ansia legata alla comparsa di una nuova crisi di panico. Infatti, nella maggior parte dei casi, l'agorafobia è un problema che emerge secondariamente all'insorgenza di attacchi di panico o crisi d'ansia minori; si presenta quando il soggetto agorafobico comincia ad evitare sistematicamente tutti i luoghi, le situazioni ed i contesti nei quali ci potrebbero essere ostacoli alla possibilità di essere aiutati. Tra le situazioni che più frequentemente vengono evitate da chi mostra sintomi di agorafobia si riscontrano: uscire da soli o stare a casa da soli; guidare o viaggiare in automobile; frequentare luoghi affollati come mercati o concerti; prendere l'autobus o l'aeroplano; essere su un ponte o in ascensore. Quando questi evitamenti iniziano a compromettere le attività quotidiane ed il funzionamento socio-lavorativo della persona allora si parla di agorafobia. Talvolta, il problema è più difficile da individuare perché il soggetto non evita certe situazioni temute ma diviene incapace di affrontarle senza l'assistenza di una persona di fiducia. L'agorafobia può essere diagnosticata all'interno del disturbo di panico con agorafobia o come agorafobia senza anamnesi di disturbo di panico. In questo ultimo caso, le crisi che il paziente evita sono caratterizzate da sintomi d'ansia tipo panico, ma senza tutte le caratteristiche dell'attacco di panico vero e proprio. L'agorafobia è in sintesi caratterizzata da sintomi quali: ansia legata al trovarsi in luoghi in cui sarebbe difficile allontanarsi, fuggire oppure chiedere e ricevere soccorso, nel caso in cui si verificasse un attacco di panico o una crisi d'ansia. Le situazioni temute vengono evitate o affrontate con molta difficoltà oppure tramite il supporto di un accompagnatore. L'ansia e l'evitamento limitano il funzionamento socio-lavorativo del soggetto e non derivano da altri tipi di paura o fobie (evitare gli ascensori per un claustrofobico, evitare le situazioni sociali per il fobico sociale, evitare stimoli che ricordino un evento traumatico nel disturbo post-traumatico da stress). All'interno della psicoterapia cognitivo-comportamentale, le tecniche di esposizione si sono dimostrate utili nel ridurre i comportamenti che alimentano l'ansia agorafobica. Da poco sono state implementate strategie volte a incrementare la capacità dei soggetti di stare in contatto con l'attivazione ansiosa senza temerne le conseguenze catastrofiche, favorendo l'accettazione e diminuendo il bisogno di controllo dei sintomi d'ansia. In generale, comunque, la psicoterapia è essenziale per la cura dell'agorafobia, mentre gli psicofarmaci, contenendo i sintomi ansiosi e gli episodi di panico, possono essere utili a breve termine, ma a lungo andare inducono una forte dipendenza psicologica e, molto spesso, i sintomi dell'agorafobia si ripresentano alla loro sospensione.

## 3-	Disturbo ossessivo compulsivo (DOC)

Il disturbo ossessivo compulsivo è caratterizzato da pensieri, immagini o impulsi ricorrenti. Questi innescano ansia/disgusto e "obbligano" l'individuo ad attuare azioni ripetitive materiali o mentali per tranquillizzarsi. Talvolta le ossessioni vengono dette anche erroneamente manie o fissazioni. Come il nome lascia intendere, il disturbo ossessivo compulsivo prevede l'esistenza di sintomi quali ossessioni e compulsioni. Almeno l'80% dei pazienti ossessivi ha ossessioni e compulsioni, meno del 20% ha solo ossessioni o solo compulsioni. Il disturbo ossessivo-compulsivo (DOC) colpisce dal 2 al 3% delle persone nell'arco di una vita, indipendentemente dal sesso. Può esordire nell'infanzia, nell'adolescenza o nella prima età adulta. In molti casi i primi sintomi si manifestano molto precocemente, nella maggior parte dei casi prima dei 25 anni (il 15% dei soggetti ricorda un esordio intorno ai 10 anni). Se il DOC non viene adeguatamente curato, prima di tutto con una psicoterapia cognitivo comportamentale specifica, tende a cronicizzare e ad aggravarsi nel tempo. Le ossessioni sono pensieri, immagini o impulsi intrusivi e ripetitivi, percepiti come incontrollabili da chi li sperimenta. Queste idee sono sentite come disturbanti e solitamente giudicate come infondate o eccessive. Le ossessioni del disturbo ossessivo-compulsivo attivano sensazioni sgradevoli e molto intense, quali soprattutto ansia, disgusto e senso di colpa. Di conseguenza, sentono il bisogno di fare il possibile per rassicurarsi e gestire il proprio disagio emotivo. Le compulsioni tipiche del disturbo ossessivo compulsivo sono dette anche cerimoniali o rituali. Sono comportamenti ripetitivi (come controllare, lavare/lavarsi, ordinare, ecc.) o azioni mentali (pregare, ripetere formule, contare) finalizzati a contenere il disagio emotivo provocato dai pensieri e dagli impulsi che caratterizzano le ossessioni sopra descritte. Le compulsioni diventano facilmente rigide regole di comportamento e sono decisamente eccessive, talvolta bizzarre agli occhi degli osservatori. Coloro che soffrono di disturbi ossessivi possono:

•	temere oltremodo lo sporco, i germi e/o le sostanze disgustose;

•	essere terrorizzati di procurare inavvertitamente danni a sé o ad altri (di qualunque natura: di salute, economici, emotivi, ecc.) per errori, leggerezze, disattenzioni, sbadataggini;

- aver paura di poter perdere il controllo dei propri impulsi diventando aggressivi, perversi, autolesivi, blasfemi, ecc.;

- avere dubbi persistenti rispetto al sentimento che nutrono verso il partner o rispetto al proprio orientamento sessuale, anche se solitamente riconoscono che tutto ciò non è giustificato;

- sentire il bisogno di svolgere azioni e sistemare oggetti sempre nel "modo giusto", completo, "ben fatto".

I sintomi del DOC sono molto vari, ma nella pratica solitamente se ne distinguono alcune tipologie. Alcuni pazienti possono avere più di un tipo di disturbo contemporaneamente o in momenti diversi della propria vita. I sintomi sono ossessioni e compulsioni connesse ad improbabili (o irrealistici) contagi o contaminazioni. Sostanze "contaminanti" diventano spesso non solo lo sporco oggettivo, ma anche urine, feci, sangue e siringhe, carne cruda, persone malate, genitali, sudore, e persino saponi, solventi e detersivi, contenenti sostanze chimiche potenzialmente "dannose". Talvolta le sensazioni di sporco sono innescate anche solo da pensieri immorali o ricordi di eventi traumatici, senza alcun contatto con agenti contaminanti. In questo caso si parla di contaminazione mentale. Se il soggetto entra in contatto con uno degli agenti "contaminanti", o comunque avverte una sensazione di sporco, mette in atto una serie di compulsioni (rituali) di lavaggio, pulizia, sterilizzazione o disinfezione. Ciò allo scopo di neutralizzare l'azione dei germi e a tranquillizzarsi rispetto alla possibilità di contagio o a liberarsi dalla sensazione di sporco e disgusto. I sintomi sono ossessioni e compulsioni determinanti controlli protratti e ripetuti senza necessità, volti a riparare o prevenire gravi disgrazie o incidenti. Le persone che ne soffrono tendono a controllare e ricontrollare. Ciò per essere sicuri di aver fatto il possibile per prevenire qualunque possibile catastrofe. Talvolta per tranquillizzarsi riguardo al dubbio ossessivo di aver fatto qualcosa di male e non ricordarlo. All'interno di questa categoria vi sono sintomi quali controllare di: aver chiuso le porte e le finestre di casa, le portiere della macchina, il rubinetto del gas e dell'acqua, la saracinesca del garage o l'armadietto dei medicinali. Ma anche di aver spento fornelli elettrici o altri elettrodomestici, le luci in ogni stanza di casa o i fari della macchina. Oppure di non aver perso cose personali lasciandole cadere o di non aver investito involontariamente qualcuno con la macchina. sintomi sono pensieri o, più spesso, immagini relative a scene in cui il soggetto attua comportamenti indesiderati e inaccettabili. Questi sono privi di senso, pericolosi o socialmente sconvenienti (aggredire qualcuno, avere rapporti omosessuali o pedofilici, tradire il partner, bestemmiare, compiere azioni blasfeme, offendere persone care, ecc.). Queste persone non hanno né rituali mentali né compulsioni, ma soltanto pensieri ossessivi. Ciononostante mettono in atto strategie per tranquillizzarsi. Ad esempio ripassano mentalmente il passato per assicurarsi di non aver fatto certe cose. Oppure monitorano costantemente le sensazioni che provano e si sforzano di contrastare pensieri e impulsi sgraditi.

4-   Fobia sociale

La caratteristica principale della fobia sociale è la paura di agire, di fronte agli altri, in modo imbarazzante o umiliante e di ricevere giudizi negativi. L'ansia sociale può portare chi ne soffre ad evitare la maggior parte delle situazioni sociali, per paura di comportarsi in modo "sbagliato" e di venir mal giudicati. La fobia sociale è un disturbo alquanto diffuso tra la popolazione. Secondo alcuni studi, la percentuale di persone che ne soffre va dal 3% al 13%. Sempre secondo questi studi sembra che l'ansia sociale caratterizzi più le donne che gli uomini. Solitamente le situazioni più temute da chi soffre di fobia sociale (o ansia sociale) sono quelle che implicano la necessità di dover fare qualcosa davanti ad altre persone, come ad esempio esporre una relazione o anche solo firmare, telefonare o mangiare; a volte può creare ansia sociale semplicemente entrare in una sala dove ci sono persone già sedute, oppure parlare con un proprio amico. Le persone che soffrono di fobia sociale temono di apparire ansiose e di mostrarne i "segni", cioè temono di diventare rosse in volto, di tremare, di balbettare, di sudare, di avere batticuore, oppure di rimanere in silenzio senza riuscire a parlare con gli altri, senza avere la battuta "pronta". Infine, accade spesso che chi sperimenta ansia sociale, quando non si trova in una situazione temuta, riconosca come irragionevole la propria paura e tenda, conseguentemente, ad auto accusarsi e rimproverarsi per non riuscire a fare cose che tutti fanno. La fobia sociale, se non trattata, tende a rimanere stabile e cronica, e spesso può dare luogo ad altri problemi come la depressione. Tale disturbo sembra presentarsi normalmente in età adolescenziale o nella prima età adulta. Solitamente si distinguono due tipi di Fobia Sociale:

semplice, quando la persona sperimenta ansia sociale solo in una o poche tipologie di situazioni (per esempio è incapace di parlare in pubblico, ma non ha problemi in altre situazioni sociali come partecipare ad una festa o parlare con uno sconosciuto);

generalizzata, quando invece il soggetto teme pressoché tutte le situazioni sociali. Nelle forme più gravi e pervasive, si tende a preferire la diagnosi di Disturbo Evitante di Personalità. La caratteristica principale della fobia sociale è data dalla paura di trovarsi in situazioni sociali o di essere osservati mentre si sta facendo qualcosa, come ad esempio parlare in pubblico o, più semplicemente, parlare con una persona, scrivere, mangiare o telefonare.

Nelle situazioni sociali temute, gli individui con ansia sociale sono preoccupati di apparire imbarazzati e, soprattutto, sono timorosi che gli altri li giudichino ansiosi, deboli, "pazzi", o stupidi. Sono sintomi della fobia sociale, quindi, temere di parlare in pubblico per la preoccupazione di dimenticare improvvisamente quello che si deve dire o per la paura che gli altri notino il tremore delle mani o della voce, oppure l'ansia estrema quando si dialoga con gli altri per la paura di apparire poco chiari. I sintomi della fobia sociale (legati all'ansia) maggiormente percepiti sono: palpitazioni (79%), tremori (75%), sudori (74%), tensione muscolare (64%), nausea (63%), secchezza delle fauci (61%), vampate di calore (57%), arrossamenti (51%), mal di testa (46%).

5-   *Disturbo post-traumatico da stress*

Secondo il DSM-IV-TR (APA, 2000), il Disturbo Post traumatico da Stress si sviluppa in seguito all'esposizione ad un evento stressante e traumatico che la persona ha vissuto direttamente, o a cui ha assistito, e che ha implicato morte, o minacce di morte, o gravi lesioni, o una minaccia all'integrità fisica propria o di altri. La risposta dell'individuo all'evento comporta paura intensa, senso di impotenza e/o orrore. I sintomi del Disturbo Post traumatico da Stress possono essere raggruppati in tre categorie principali:

il continuo rivivere l'evento traumatico: l'evento viene rivissuto persistentemente dall'individuo attraverso immagini, pensieri, percezioni, incubi notturni; l'evitamento persistente degli stimoli associati con l'evento o attenuazione della reattività generale: l'individuo cerca di evitare di pensare al trauma o di essere esposta a stimoli che possano riportarglielo alla mente. L'ottundimento della reattività generale si manifesta nel diminuito interesse per gli altri, in un senso di distacco e di estraneità; sintomi di uno stato di iperattivazione persistente come difficoltà ad addormentarsi o a mantenere il sonno, difficoltà a concentrarsi, l'ipervigilanza ed esagerate risposte di allarme. I sintomi del disturbo post traumatico da stress possono insorgere immediatamente dopo il trauma o dopo mesi. Il quadro dei sintomi può essere inoltre acuto, se la durata dei sintomi è minore di tre mesi, cronico se ha una durata maggiore, o ad esordio tardivo, se sono trascorsi almeno 6 mesi tra l'evento e l'esordio dei sintomi. Gli eventi traumatici vissuti direttamente in grado di scatenare un disturbo post traumatico da stress possono includere tutte quelle situazioni in cui la persona si è sentita in grave pericolo come i combattimenti militari, aggressione personale violenta, rapimento, attacco terroristico, tortura, incarcerazione come prigioniero di guerra o in un campo di concentramento, disastri naturali o provocati, gravi incidenti automobilistici, stupri, ecc... Gli eventi vissuti in qualità di testimoni includono l'osservare situazioni in cui un'altra persona viene ferita gravemente o assistere alla morte innaturale di un altro individuo dovuta ad assalto violento, incidente, guerra o disastro, o il trovarsi di fronte inaspettatamente a un cadavere. Anche il solo fatto di essere venuti a conoscenza che un membro della famiglia o un amico stretto è stato aggredito, ha avuto un incidente o è morto (soprattutto se la morte è improvvisa e inaspettata) può far nascere il disturbo post traumatico da stress. Tale disturbo può risultare particolarmente grave e prolungato quando l'evento stressante è ideato dall'uomo (per es., tortura, rapimento). La probabilità di svilupparlo può aumentare proporzionalmente all'intensità e con la prossimità fisica al fattore stressante. Il trattamento del disturbo post traumatico da stress richiede necessariamente un intervento psicoterapeutico cognitivo-comportamentale, che faciliti l'elaborazione del trauma fino alla scomparsa dei sintomi d'ansia. Per l'elaborazione del trauma si è rivelato inoltre particolarmente utile l'EMDR, tecnica specifica di alta efficacia dimostrata.

6- Disturbo d'ansia generalizzata

Un soggetto con Disturbo d'Ansia Generalizzato sperimenta un costante stato d'ansia, spesso concernente piccole cose e caratterizzato da attesa apprensiva con anticipazione pessimistica di eventi negativi o catastrofici di ogni genere a natura. Oltre a questa eccessiva e incontrollabile preoccupazione per qualsiasi circostanza, l'ansia generalizzata si manifesta anche con sintomi somatici, quali sudorazione, vampate, batticuore, extrasistole, nausea, diarrea, bocca secca, nodo alla gola, ecc... Talvolta vengono lamentati problemi muscolo-scheletrici, come tensione (soprattutto alla nuca e al collo), tic, tremori, affaticabilità. La tensione muscolare tipica del disturbo d'ansia generalizzato può inoltre esprimersi con manifestazioni algiche diffuse o cefalee. I soggetti con questo disturbo sono spesso irritabili, irascibili, incapaci di rilassarsi e persino di mantenere la concentrazione; sono descritti come persone spesso irrequiete, distratte e impazienti. Spesso soffrono di insonnia e rimuginano sull'eventualità di disgrazie incombenti, per sé ed altri. I bambini con Disturbo d'Ansia Generalizzato tendono a preoccuparsi troppo delle proprie prestazioni e, nel corso del disturbo, il nucleo della preoccupazione può spostarsi da un oggetto ad un altro. Il disturbo – tendenzialmente cronico e di lunga durata – può facilmente essere accompagnato da depressione e portare ad un abuso di alcol, caffeina, stimolanti ed altre sostanze. Per diagnosticare un Disturbo d'Ansia Generalizzato, la caratteristica essenziale del quadro – la presenza di preoccupazioni eccessive inerenti la maggior parte delle comuni attività del soggetto – deve occupare la maggior parte del tempo. La persona non è capace di controllare tale attesa apprensiva.

Per la diagnosi sono inoltre necessari almeno tre dei seguenti sintomi:

Irrequietezza o sentirsi "con i nervi a fior di pelle"

Affaticabilità

Irritabilità

Difficoltà di concentrazione o vuoti di

memoria

Tensione muscolare

Sonno irrequieto, insoddisfacente o difficoltà ad addormentarsi.

Le psicoterapie ad indirizzo cognitivo comportamentale (tra le più efficaci e caldamente raccomandabili) affrontano l'ansia generalizzata in modi diversi. Si possono affrontare in modo separato le diverse situazioni in cui l'ansia si presenta tramite tecniche comportamentali e di ristrutturazione cognitiva. Alcuni utilizzano tecniche di rilassamento per interrompere il processo di auto alimentazione dell'ansia e abbassare lo stato di tensione generale. Infine, si possono scegliere interventi mirati al potenziamento delle capacità assertive. Tra i trattamenti farmacologici più diffusi per il disturbo d'ansia generalizzato si trovano sicuramente quelli a base di ansiolitici. Le benzodiazepine costituiscono, infatti, i farmaci di più largo impiego; tuttavia, il buspirone è sicuramente un composto più recente e di pari efficacia. Tra gli antidepressivi con buona azione ansiolitica vengono adoperati anche la Sertralina e la Paroxetina.

Capitolo II   Chi è il panico?

Attacchi improvvisi di ansia e paura travolgente che dura diversi minuti? Magari con batticuore, sudorazione, affanno e cervello paralizzato. L'attacco compare improvvisamente, senza motivi evidenti, lasciando il terrore di possibili recidive. Un attacco di panico è un episodio improvviso di paura intensa che si sviluppa senza una ragione apparente e che può manifestarsi anche sotto forma di sintomi fisici, come ad esempio:

- *polso accelerato (tachicardia),*

- *dolore al petto o allo stomaco,*

- *difficoltà respiratorie,*

- *debolezza o vertigini,*

- *sudorazione,*

- *sensazione di caldo o brividi di freddo,*

- *formicolio o insensibilità delle mani.*

Gli attacchi di panico possono essere davvero spaventosi, perché il paziente può essere portato a pensare di

- *perdere il controllo,*

- *avere un attacco di cuore,*

- *essere prossimo alla morte,*

ma in genere non rappresentano un pericolo fisico per l'organismo.

Può colpire in qualunque momento, dovunque e senza preavvisi; elemento imprescindibile per la formulazione della diagnosi è la durata dell'episodio, che nel caso di attacco di panico deve essere limitato a pochi minuti (diversamente si tratta di condizioni differenti, come ad esempio ansia generalizzata, crisi isteriche, ...).

Un tempo considerati come forme di nervosismo o stress, oggi sono ormai considerati una reale condizione medica a sé stante, che fa parte dei disturbi d'ansia. Se uno o due episodi nell'arco della vita sono considerabili potenzialmente fisiologici, una frequenza superiore può essere il segno di un possibile disturbo ansioso, che prende il nome di disturbo di panico (non tutti i soggetti che sperimentano attacchi di panico sviluppano il disturbo). Il disturbo di panico è più comune nelle donne; compare in genere per la prima volta in età giovane- adulti, talvolta quando un soggetto è sottoposto a stress intensi. Molti casi migliorano con il trattamento, perché la terapia può mostrare come riconoscere e cambiare le modalità del pensiero prima che si scateni il panico (terapia cognitivo comportamentale). Anche i farmaci possono essere di aiuto. Quando non viene trattato il disturbo di panico si ripercuote pesantemente sulla qualità della vita, perché può scatenare altre paure e problemi mentali, problemi al lavoro o a scuola e isolamento sociale. Possono infatti generare la paura di recidive e portare il soggetto a evitare posti in cui si siano verificati. In alcune persone la paura prende il sopravvento sul quotidiano, tanto da non riuscire più a uscire di casa.

Il disturbo mostra spesso un andamento famigliare, anche se non ci sono certezze sui motivi per cui alcuni membri della famiglia ne soffrano e altri no.

La ricerca ha scoperto che diverse aree del cervello, nonché diversi processi biologici, giocano un ruolo fondamentale in paura e ansia. Alcuni ricercatori pensano che nel disturbo di panico il soggetto interpreti erroneamente sensazioni del corpo come minacce e reagisca attraverso meccanismi vecchi di migliaia di anni e chiamati fight-or-flight (combatti o fuggi); pensiamo per esempio a un uomo preistorico che si trovi improvvisamente di fronte a predatore, senza alcun interessamento della parte razionale del cervello il soggetto reagirebbe di istinto cercando la fuga se possibile, preparandosi alla lotta in assenza di alternative. L'organismo in questa situazione si prepara alla reazione aumentando il battito cardiaco per favorire forza e esplosività nella reazione, sintomo tipico anche degli attacchi di panico.

Nel caso delle fobie, pensiamo per esempio agli attacchi di panico da agorafobia, i comportamenti vengono quindi declinati in due modi:

- fuga (il soggetto vuole scappare dalla situazione all'insorgere dei primi sintomi),

- evitamento (il soggetto tenderà in futuro ad evitare luoghi e situazioni che considera a rischio).

L'estraniarsi dalla situazione ha l'effetto di ridurre rapidamente l'ansia, ma ha come grave effetto collaterale quello di sensibilizzare il paziente per il futuro... Il miglioramento delle conoscenze su come cervello e corpo funzionino nei soggetti con disturbo di panico potrà aiutare a individuare trattamenti migliori. La comunità scientifica sta anche indagando i ruoli possibili di stress e fattori ambientali.

I sintomi compaiono per la prima volta in genere nella tarda adolescenza (e comunque entro i 30 anni) e vengono diagnosticati più spesso alle donne che agli uomini. Altri fattori di rischio importanti sono:

- famigliarità,

- stress (anche inteso come lutto, nascita di un bambino, …),

- passato di abusi fisici o sessuali,

- eventi traumatici.

Quando una persona si trova sotto forte stress per lunghi periodi si espone al rischio di andare incontro a un attacco di panico; si stima che il rischio maggiore inizi dopo circa 6-8 mesi di tensione, ma chiaramente subentrano in questo caso numerosi fattori soggettivi ed esterni.

Dopo un tempo che sembra durare in eterno, il respiro si normalizza e la paura e i pensieri di morte scompaiono, lasciando però il soggetto svuotato ed estenuato. Questi attacchi tipicamente si manifestano un paio di volte al mese; chi ne è vittima comincia a pensare di stare impazzendo. Un soggetto affetto da disturbo di panico subisce attacchi improvvisi e ripetuti di paura che durano alcuni minuti; gli attacchi di panico sono caratterizzati dalla paura di disastri impellenti o dalla perdita di controllo in assenza di pericoli reali. Possono comparire anche intense reazioni fisiche, così concrete da sembrare un attacco cardiaco. Gli attacchi di panico possono insorgere in qualunque momento, tanto che molti soggetti con disturbi di panico vivono con la preoccupazione che ricompaiano. Il disturbo di panico può portare una persona a sentirsi scoraggiata e vergognosa per l'incapacità *di gestire routine normali come andare a scuola o al lavoro, fare la spesa o guidare.*

I più caratteristici sintomi da attacco di panico sono:

*•	attacchi improvvisi e ripetuti di ansia e paura soverchianti;*

*•	sensazione di perdere il controllo, o un senso di morte o tragedia impellente durante l'attacco;*

*•	sintomi fisici associati, come batticuore o polso accelerato, sudorazione, brividi, tremori, affanno, debolezza o vertigini, formicolio o insensibilità alle mani, dolore toracico, dolore gastrico e nausea;*

*•	forte preoccupazione su quando insorgerà l'attacco successivo;*

*•	paura o elusione dei posti in cui si siano verificati attacchi.*

Frequentemente il soggetto che subisce l'attacco tende a immaginarsi spiegazioni gravi relativamente ai sintomi fisici che avverte, costruendosi paure legate a infarto, ictus e paura di morire in genere. Questo atteggiamento ha come conseguenza un peggioramento dei sintomi fisici, con l'innesco di un interminabile circolo vizioso fatto di paure ed eccessiva attenzione ai segnali del proprio corpo. Detto questo, poiché alcuni sintomi possono effettivamente far pensare a condizioni pericolose per la vita, è importante ottenere una diagnosi ed un trattamento accurati. Si possono presentare pochi o molti di questi sintomi; di norma iniziano di colpo, senza preavviso, e raggiungono il loro picco entro 10 minuti. Durano circa mezz'ora, ma sono comunque molto variabili, persistendo anche delle ore o, in rare occasioni, fino ad un giorno intero. Ci si può sentire stanchi e logori dopo che un attacco di panico si è placato. Uno degli aspetti peggiori è la paura intensa di avere un altro attacco. Il numero di attacchi dipende dalla situazione, alcuni pazienti sviluppano 1-2 attacchi al mese, mentre altri fino a diversi episodi alla settimana. Possono colpire in qualsiasi momento senza preavviso: mentre si guida, a scuola, sul lavoro o al cinema, anche durante il sonno. Spesso si dice che un attacco di panico è imprevedibile ed improvviso, ma in realtà in letteratura è possibile individuare autori che hanno indagato più a fondo scoprendo che in alcuni pazienti è possibile evidenziare segnali oggettivi che precedono l'attacco vero e proprio. Gli studi sono purtroppo limitati sia dal punto di vista numerico (in termini di partecipanti) che di condizioni della ricerca, ma ugualmente interessanti nelle loro conclusioni; sembra possibile che diversi parametri misurabili, e legati per esempio all'attività respiratoria, inizino a mostrare alterazioni già quasi un'ora prima dell'attacco vero e proprio (a prescindere dal rapporto causa-effetto, la cui direzione potrebbe essere interessante da esplorare). Quasi invariabilmente i pazienti parlano di attacchi improvvisi e inaspettati, ma è possibile che un approccio psicologico che tenga conto di questi aspetti, insegnando al soggetto a riconoscerli e affrontarli, possa essere utile per ridurre la frequenza degli episodi.

Se non curati gli attacchi e i disturbi di panico possono condurre chi ne soffre a gravi ripercussioni sociali, famigliari e professionali (o scolastiche), in grado di interferire significativamente in ogni ambito della vita del soggetto colpito. Alcuni pazienti sviluppano fobie specifiche (come la paura di guidare), depressione e aumento del rischio di abuso di sostanze stupefacenti o di alcool, nonché di suicidio; si noti invece che sussiste il rischio inverso, la depressione NON porta a sviluppare attacchi di panico. Nei pazienti dove sono stati esclusi problemi cardiaci pre-esistenti, in genere non sussistono invece rischi diretti per la salute fisica.

Diagnosi:

Tutti i soggetti affetti da disturbo di panico manifestano attacchi di panico, ma non è vero il contrario, quindi è importante per il medico e soprattutto per il paziente procedere a una diagnosi corretta e accurata, che escluda anche con certezza problemi cardiaci o di altra natura (per esempio ipertiroidismo, che può causare sintomi simili). Il primo passo è in genere un esame fisico, che prevede il controllo dei segni vitali come

- *frequenza cardiaca;*

- *pressione arteriosa;*

- *temperatura;*

e l'auscultazione di cuore e polmoni.

Quando necessario il medico prescriverà esami del sangue, come un emocromo e i dosaggi degli ormoni tiroidei, mentre in pazienti selezionati potrebbe essere necessario un elettrocardiogramma per escludere problemi cardiaci. Il passo successivo è la valutazione psicologica, effettuata in genere da uno specialista. Se gli attacchi di panico non vengono riconosciuti e adeguatamente trattati possono peggiorare e trasformarsi in disturbo di panico o altre fobie.

La cura è di norma molto efficace e l'obiettivo è quello di eliminare tutti i sintomi legati agli episodi. Il primo passo, fondamentale, è esporre i sintomi al proprio medico, che esaminerà il paziente e ne ricostruirà l'anamnesi, per avere la certezza che non ci siano problemi fisici all'origine dei sintomi. Potrà quindi essere indicato il ricorso a uno specialista di salute mentale, ossia uno psichiatra o uno psicologo. Il disturbo di panico in genere viene trattato con psicoterapia, farmaci, o una combinazione di entrambi gli approcci, ma si noti che il percorso di risoluzione non è sempre necessariamente lungo e sofferto, perché non tutti i "trattamenti" prevedono o richiedono tempistiche dilatate nel tempo.

Psicoterapia

La psicoterapia può aiutare a capire le cause di attacchi e disturbi di panico e ad individuare il modo per affrontarli.

L'approccio denominato psicoterapia cognitiva comportamentale è particolarmente utile nel disturbo di panico come prima linea di trattamento; vengono insegnati al paziente modi alternativi di pensare, comportarsi e reagire alle sensazioni associate all'attacco di panico. Gli attacchi inizieranno a scomparire una volta acquisite modalità di reazione diverse alle sensazioni fisiche di ansia e paura che li caratterizzano.

Farmaci

Sono disponibili numerose famiglie di farmaci per il trattamento degli attacchi di panico, tra cui:

- antidepressivi:

o inibitori selettivi della ricaptazione della serotonina (SSRI),

o inibitori della ricaptazione della serotonina-norepinefrina (SNRI),

- beta-bloccanti,

- benzodiazepine.

I farmaci SSRI e SNRI, tipicamente usati nel trattamento della depressione, si dimostrano utili anche sui sintomi del disturbo di panico. Possono richiedere diversi giorni per raggiungere la piena efficacia e, come tutti i farmaci, potrebbero causare effetti indesiderati, quali

- cefalea;

- *nausea;*

- *difficoltà a dormire.*

In genere, gli effetti secondari non sono gravi, specialmente se la dose terapeutica viene raggiunta gradualmente, partendo da una dose bassa. Gli effetti secondari vanno comunque segnalati al medico.

Tra le molecole più comuni ricordiamo per esempio

- *SSRI*

o *citalopram (Seropram®),*

o *escitalopram (Cipralex®),*

o *fluoxetina (Prozac®),*

o *paroxetina (Sereupin®),*

o *sertralina (Zoloft®)*

- *SNRI*

o *duloxetina (Cymbalta®),*

o *venlafaxina (Efexor®).*

In alcuni pazienti è possibile il ricorso a molecole antidepressive più vecchie, appartenenti per esempio alla famiglia dei triciclici o dei MAO-inibitori.

Un'altra famiglia di farmaci, i beta-bloccanti, può essere di aiuto per tenere sotto controllo alcuni sintomi fisici associati al disturbo di panico, come il polso accelerato. Benché di solito il medico non li prescriva a questo scopo, possono essere utili in alcuni pazienti che manifestano sintomi cardiaci.

Le benzodiazepine, una categoria di farmaci ad effetto sedativo, sono molecole decisamente efficaci nel ridurre rapidamente i sintomi di un attacco di panico, ma causano tolleranza e dipendenza se adoperate continuativamente. Il medico può quindi prescriverli solo per brevi periodi e solo quando davvero necessarie.

Tra i più usati ricordiamo:

- alprazolam (Xanax®);

- *clonazepam (Rivotril®);*

- *lorazepam (Tavor®, Control®);*

- *bromazepam (Lexotan®).*

È di fondamentale importanza non abbandonare la terapia troppo velocemente, a prescindere dall'approccio scelto. Sia la psicoterapia che il trattamento farmacologico richiedono un po' di tempo prima di essere efficaci.

Anche uno stile di vita sano può aiutare a combattere gli attacchi di panico:

- *dormire adeguatamente;*

- *praticare regolarmente attività fisica;*

- *alimentarsi bene;*

- *appoggiarsi a familiari e amici di fiducia.*

Un attacco di panico è caratterizzato da sintomi fisici, come

- *agitazione;*

- *sensazione di disorientamento;*

- *nausea:*

- *battito cardiaco accelerato e irregolare;*

- *secchezza delle fauci;*

- *mancanza di respiro;*

- *sudorazione;*

- *vertigini.*

I sintomi sono tanto innocui quanto spaventosi per chi li prova, scatenando la paura di un attacco cardiaco o addirittura il terrore di morire. La maggior parte degli episodi dura da pochi minuti a mezz'ora, ma anche un tempo relativamente breve può sembrare infinito per il paziente che ne viene colpito. L'aspetto più importante quando si vive un'esperienza di panico è sforzarsi di ripetere a se stessi che i sintomi che si stanno provando non sono pericolosi e sono invece causati solo e soltanto da ansia; è molto importante non lasciarsi controllare dalla paura e rimanere focalizzati sulla razionalità e sulla lucidità di pensiero. Diversi specialisti consigliano di affrontare la paura, accettarla, per scoprire e toccare con mano che non accadrà nulla di terribile. Utile in questi casi avere accanto una persona di fiducia, così come applicare tecniche di rilassamento (yoga, training autogeno, ...) che prevedano anche un'adeguata tecnica respiratoria; ricordiamo infatti che favorire l'aumento della frequenza respiratoria può causare iperventilazione e aumento dell'ossigenazione del sangue, con conseguente peggioramento dei sintomi, meglio invece sforzarsi di rallentare la respirazione.

Prevenzione

1.   Praticare yoga, pilates, training autogeno o altre tecniche di rilassamento.

2.   Un regolare esercizio fisico, soprattutto se di tipo aerobico, aiuterà a ridurre stress e tensione, oltre a favorire il rilascio di neurotrasmettitori cerebrali che possono migliorare umore e benessere.

3.   Una dieta varia e sana può concretamente aiutare a gestire e prevenire gli attacchi di panico, per esempio evitando alterazioni improvvise dei livelli di zucchero circolante, fenomeno in grado di scatenare i sintomi dell'attacco.

4.   Evitare caffeina, alcolici e fumo.

DOMANDE E RISPOSTE PIU' COMUNI

1-   Cosa sono gli attacchi di panico?

-   Un attacco di panico consiste in un insieme di sintomi fisici e sensazioni che accompagnano un intenso stato d'ansia e di paura che compare improvvisamente, imprevedibilmente e senza una causa razionale. La durata è limitata in genere a pochi minuti, ma lascia nel paziente colpito il terrore di vivere nuovamente la crisi.

2-   Perché vengono?

-   Come per numerose condizioni relative alla salute mentale, non si conosce la causa esatta alla base dello sviluppo degli attacchi di panico, ma si pensa che possano in qualche modo essere collegati ad una combinazione variabile di eventi traumatici/stressanti, famigliarità, alterazioni cerebrali di alcuni neurotrasmettitori.

3-   Come si manifestano?

Tra i possibili sintomi di un attacco di panico si annoverano:

- *battito cardiaco accelerato;*

- *senso di stanchezza e debolezza;*

- *aumento della sudorazione;*

- *nausea;*

- *dolore al petto e allo stomaco;*

- *mancanza di fiato;*

- *tremori;*

- *vampate di calore;*

- *brividi;*

- *senso di soffocamento e/o di morte imminente;*

- *capogiri;*

- *formicolio e alterazione della sensibilità cutanea;*

- *bocca secca;*

- acufene;

- paura di avere un attacco cardiaco;

- paura di perdere il controllo;

4- Quanto durano?

- La maggior parte degli attacchi di panico ha una durata compresa tra i 5 e 20 minuti, ma in alcuni casi possono persistere fino ad un'ora.

5- Cosa fare durante un attacco di panico?

- Restare dove ci si trova, evitando di provare a sopprimere l'attacco;

- Respirare lentamente e profondamente;

- Ricordare a sé stessi che si tratta di una crisi che avrà rapidamente termine, senza conseguenze di salute;

- *Focalizzare la propria attenzione su pensieri positivi e rilassanti.*

6- *Come curare gli attacchi di panico?*

- *Circa una persona su tre manifesterà nella propria vita un attacco di panico, ma si tratta di casi che non richiedono alcuna cura perché destinati a non ripetersi; nei pazienti in cui gli attacchi sono invece più frequenti è possibile che venga diagnosticato il cosiddetto disturbo di panico, una condizione che richiede assistenza medica. La cura prevede in genere un percorso psicologico (ad esempio attraverso la terapia cognitivo comportamentale) ed eventualmente farmaci sul breve periodo; può risultare di grande aiuto la pratica di tecniche di rilassamento e meditazione.*

7-   Cosa prendere per gli attacchi di panico?

-   Nella cura del disturbo di panico possono essere prescritti farmaci appartenenti alla classe degli antidepressivi o alle benzodiazepine (ad esempio Xanax gocce, uno dei medicinali più prescritti), ma si tratta di soluzioni a breve termine in grado di fornire sollievo ai sintomi più che curare alla radice la condizione.

Capitolo III   Chi è la depressione?

La depressione è una malattia psichiatrica molto diffusa e conosciuta. Durante lo stato depressivo i pazienti si sentono senza speranza e avvertono un senso d'inutilità, d'incapacità e di disperazione.

Lo stato depressivo non coinvolge solo l'umore e la mente del paziente, ma interessa anche il corpo, altera le abitudini alimentari, il sonno, la percezione di se stessi, le manifestazioni affettive e il comportamento di un individuo.

La depressione è fra le cinque patologie più diffuse nel mondo occidentale e ne colpisce il 12% della popolazione. L'incidenza di questa malattia in uomini e donne è in rapporto 1:2.

La depressione può svilupparsi anche in età pediatrica e adolescenziale, con un'incidenza di un bambino ogni 50 al di sotto dei 12 anni e di un adolescente ogni 20.

In particolar modo, la depressione adolescenziale colpisce soprattutto le ragazze, probabilmente a causa dei cambiamenti ormonali e corporei che avvengono nella pubertà.

La sindrome depressiva premestruale (PMS) e la depressione post-parto rappresentano altri stati depressivi della sfera femminile in cui la causa della malattia può essere imputata alla variazione di ormoni.

La depressione, però, colpisce anche gli anziani. In questa categoria di pazienti, i sintomi associati alla patologia depressiva vengono spesso attribuiti ad una normale condizione di invecchiamento; ciò può causare una mancata diagnosi, con conseguente peggioramento della malattia. Inoltre, molto spesso, le persone anziane sono riluttanti a manifestare sentimenti di tristezza o disperazione e questo rende ancor più difficile la diagnosi della depressione.

In ogni caso, qualunque sia la causa della depressione e la categoria di pazienti che ne è affetta, è necessario intervenire al più presto con un'accurata diagnosi e con un opportuno trattamento farmacologico per evitare la cronicizzazione della malattia.

Esistono numerosi tipi di depressione, che si possono differenziare in base al tipo e alla gravità dei sintomi e in base all'età d'insorgenza.

Tipologie di Malattie Depressive

Con il termine "depressione" non si indica una sola tipologia di malattia, difatti, esistono diverse forme depressive, ognuna con caratteristiche peculiari. Di seguito, ne verranno elencate alcune:

- *Depressione unipolare o disturbo depressivo maggiore: si tratta di una delle forme più gravi di depressione. I suoi sintomi impediscono lo svolgimento delle normali attività quotidiane (ad esempio, dormire e mangiare), ma anche delle attività che in condizioni normali danno sensazioni positive e piacere.*

- *Disturbo distimico o distimia: si tratta di un disturbo caratterizzato da sintomi molto simili a quelli della depressione maggiore, anche se tendono a manifestarsi in maniera più lieve.*

- *Disturbo depressivo non altrimenti specificato: si tratta di una categoria in cui sono presenti problemi non classificabili in altri tipi di forme depressive.*

- *Disturbi bipolari o patologie maniaco-depressive: si tratta di problemi caratterizzati dall'alternarsi di stati depressivi a stati maniacali o ipomaniacali. A loro volta, i disturbi* bipolari si suddividono in:

- *Disturbo bipolare di tipo I:* caratterizzato da almeno un episodio di mania o misto alternato ad episodi depressivi;

- *Disturbo bipolare di tipo II:* caratterizzato da stati di ipomania (mai di mania) che si alternano agli episodi depressivi;

- *Disturbo ciclotimico o ciclotimia:* ha una durata minima di almeno due anni e si caratterizza per l'alternanza di episodi depressivi di grado da lieve a moderato ed episodi ipomaniacali.

Come si manifesta la Depressione?

I sintomi con cui la depressione si manifesta possono variare in funzione della forma depressiva che interessa il paziente e della sua gravità, senza contare che potrebbe esservi anche una variabilità soggettiva da individuo a individuo.

Ad ogni modo, di seguito ricordiamo alcuni dei principali sintomi che possono manifestarsi in presenza di disturbi depressivi:

•   Persistente ed accentuato umore basso e triste;

•   Frustrazione;

•   Diminuzione dell'interesse e del piacere nello svolgere qualsiasi tipo di attività;

•   Scarsa autostima;

•   Difficoltà di concentrazione;

•   Assenza di desiderio sessuale;

•   Mancanza di appetito;

•   Insonnia;

•   Astenia.

La depressione spesso può associarsi a stati d'ansia e a pensieri suicidi o autolesionisti.

Come curare la Depressione?

La cura della depressione dipende da diversi fattori, quali la forma depressiva che interessa il paziente e la sua gravità. Inoltre, la terapia che il medico decide di mettere in atto può essere variata anche in funzione della risposta del paziente allo stesso trattamento.

Ad ogni modo, possiamo affermare che, normalmente, la cura della depressione prevede una terapia di combinazione che associa un trattamento farmacologico ad un trattamento psicoterapico.

I farmaci impiegati nel trattamento della depressione sono i cosiddetti farmaci antidepressivi di cui fanno parte le seguenti classi:

- Antidepressivi triciclici (TCA);

- Inibitori selettivi del reuptake di serotonina (SSRI);

*   *Inibitori del reuptake di noradrenalina e serotonina (NSRI);*

*   *Inibitori selettivi del reuptake della noradrenalina (NaRI);*

*   *Modulatori della trasmissione serotoninergica (SARI);*

*   *Modulatori della trasmissione noradrenergica e serotoninergica (NaSSA);*

*   *Inibitori del reuptake di dopamina e noradrenalina (DNRI);*

*   *Inibitori delle monoammino ossidasi (IMAO non selettivi e MAO-A selettivi).*

Si ritiene che la causa della depressione sia imputabile al ruolo svolto da determinati tipi di neurotrasmettitori. Questi neurotrasmettitori sono le monoamine serotonina (o 5-HT), noradrenalina (o NA) e dopamina (o DA).

Per comprendere al meglio il meccanismo

d'azione di questi neurotrasmettitori, è indispensabile una breve premessa sulla loro fisiologia.

La serotonina, la noradrenalina e la dopamina vengono sintetizzate all'interno di neuroni monoaminergici. In particolare, la 5-HT è sintetizzata in neuroni serotoninergici, la NA in neuroni noradrenergici e la DA in neuroni dopaminergici.

Una volta sintetizzate, le monoamine vengono stoccate in vescicole e rilasciate nel vallo sinaptico (lo spazio presente fra la terminazione nervosa presinaptica e quella postsinaptica) in risposta a determinati stimoli.

Una volta rilasciate nello spazio sinaptico, le monoamine interagiscono con i propri recettori posti sia sulla membrana della terminazione nervosa postsinaptica, sia sulla membrana della terminazione nervosa presinaptica. Tale interazione dà origine a una cascata di segnali che porta a una determinata risposta biologica.

Dopo aver esplicato la loro funzione, le monoamine si legano ai recettori responsabili della loro ricaptazione (SERT per il reuptake della serotonina e NET per il reuptake della noradrenalina) e vengono riportate all'interno della terminazione nervosa presinaptica.

Una volta ricaptate, le monoamine vengono metabolizzate da specifici enzimi, le monoamino-ossidasi (MAO) e le catecol-O-metil transferasi (COMT). In realtà, la causa esatta della depressione non è ben nota. A tal proposito, sono state formulate varie ipotesi:

Ipotesi monoaminergica

Secondo quest'ipotesi, la depressione sarebbe causata da un deficit di serotonina, noradrenalina e dopamina.

A supporto di questa teoria sta il fatto che i farmaci antidepressivi aumentano la trasmissione di queste monoamine.

Tuttavia, gli antidepressivi alterano molto rapidamente le concentrazioni di monoamine, ma l'effetto terapeutico s'instaura solo a distanza di settimane. Inoltre, non vi è una relazione fra la potenza dell'effetto sulla concentrazione extracellulare delle monoamine e l'efficacia antidepressiva; in altre parole, non è detto che un farmaco in grado di aumentare molto la concentrazione di monoamine nel vallo sinaptico abbia migliori proprietà antidepressive.

Pertanto, appare evidente che il deficit di serotonina, noradrenalina e dopamina non può essere l'unica causa scatenante della depressione.

Ipotesi della sensibilità recettoriale

Questa ipotesi afferma che la depressione non è causata semplicemente da un deficit di monoamine, ma anche da un'alterata sensibilità dei recettori postsinaptici nei confronti di questi stessi neurotrasmettitori. Il concetto che sta alla base di questa teoria è che nei pazienti affetti da depressione, i recettori postsinaptici serotoninergici e noradrenergici sono diventati ipersensibili nei confronti dei loro rispettivi neurotrasmettitori, in seguito alla loro deplezione dal vallo sinaptico. I farmaci antidepressivi, quindi, indurrebbero un'iposensibilità di questi stessi recettori e ciò spiegherebbe perché l'effetto terapeutico s'instaura solo dopo qualche settimana dall'inizio del trattamento.

Ipotesi permissiva

Con questa ipotesi si mette in evidenza l'importanza che riveste il bilancio reciproco di serotonina e noradrenalina nei processi regolatori dell'umore. Infatti, se il livello di serotonina è troppo basso, si perde la regolazione noradrenergica e ciò può generare alterazioni dei livelli di noradrenalina. Tali alterazioni possono condurre alla mania. Se, invece, è il livello di noradrenalina ad abbassarsi, si perde la regolazione serotoninergica con conseguente alterazione dei livelli di serotonina. Ciò porta alla comparsa dei sintomi tipici della depressione.

Ipotesi ormonale

Questa ipotesi afferma che l'alterazione dell'asse ipotalamico-pituitario-surrenale (HPA) possa essere in grado di incidere sui livelli di serotonina e noradrenalina rilasciate dai rispettivi neuroni, compromettendo, quindi, il loro funzionamento. Le varie ipotesi formulate, perciò, concordano tutte nell'affermare che la depressione è dovuta - direttamente o indirettamente - ad alterazioni dei livelli di serotonina e noradrenalina. Per quel che riguarda la dopamina, anche se il suo ruolo nell'eziologia della depressione è ancora poco chiaro, si ritiene che sia comunque coinvolta nell'insorgenza della patologia.

Nonostante l'ipotesi monoaminergica sia insufficiente a spiegare il perché la depressione si sviluppa, resta pur sempre l'ipotesi più accreditata. L'approccio terapeutico monoaminergico è quello di maggiore successo e, infatti, la maggior parte dei farmaci antidepressivi agisce aumentando la trasmissione serotoninergica e noradrenergica.

Sviluppo dei farmaci antidepressivi

Prima del 1950 non esistevano i farmaci antidepressivi come li intendiamo noi oggi. Le sole terapie impiegate nel trattamento della depressione erano incentrate sull'utilizzo di stimolanti anfetaminici o sulla terapia elettroconvulsivante. Tuttavia, l'utilizzo di farmaci anfetaminici spesso risultava inefficace, ottenendo come unico risultato un aumento dell'attività e dell'energia del paziente. La terapia elettroconvulsivante, invece, benché efficace, terrorizzava i pazienti perché provocava dolore. I primi farmaci ad azione antidepressiva furono scoperti alla fine degli anni '50. Tali farmaci erano gli antidepressivi triciclici (TCA) e gli inibitori delle monoamino-ossidasi (IMAO). Com'è accaduto per molte delle scoperte più importanti fatte dall'uomo, anche la sintesi degli antidepressivi non derivò dalla progettazione, bensì dal caso. Il capostipite degli antidepressivi triciclici - l'imipramina - fu scoperta dallo psichiatra svizzero Ronald Kuhn mentre era alla ricerca di nuovi composti simili alla clorpromazina per il trattamento della schizofrenia. La seconda grande scoperta fu quella degli inibitori delle monoamino-ossidasi.

Anche questa volta, la scoperta avvenne per caso grazie allo sviluppo di analoghi dell'isoniazide (idrazide dell'acido nicotinico), un farmaco impiegato nel trattamento della tubercolosi. Il primo analogo dell'isoniazide a essere sintetizzato fu l'iproniazide. Durante le fasi di sperimentazione clinica di questo derivato, si notò un considerevole miglioramento dell'umore in pazienti affetti da tubercolosi. Tuttavia, l'iproniazide risultò essere epatotossica alle dosi terapeutiche necessarie per ottenere sia un'azione antitubercolare, sia un'azione antidepressiva. La scoperta dell'azione antidepressiva dell'iproniazide, però, diede impulso alla ricerca di nuovi inibitori delle monoamino-ossidasi. Questo impulso portò alla sintesi di derivati idrazinici e di derivati non idrazinici con una tossicità inferiore rispetto a quella indotta dall'iproniazide. Tuttavia, a causa degli effetti collaterali che i primi TCA e IMAO inducevano - soprattutto a livello cardiovascolare - si rese necessaria la ricerca di nuovi farmaci in grado di aumentare il segnale monoaminergico senza indurre effetti avversi tanto gravi. Alla fine degli anni '60 fu scoperto che alcuni farmaci antistaminici erano in grado di inibire selettivamente il reuptake di serotonina ed erano privi di cardiotossicità. Poiché, già con l'uso dei TCA e degli IMAO fu subito chiara l'importanza della serotonina nelle patologie depressive, lo scopo dei chimici farmaceutici fu quello di individuare e sintetizzare farmaci inibitori selettivi del reuptake di serotonina (SSRI), con lo scopo di ottenere composti altamente selettivi per il trasportatore del reuptake della serotonina, ma con meno effetti collaterali - o perlomeno con effetti collaterali meno gravi - di quelli indotti da TCA ed IMAO. Il primo successo in quest'ambito si ottenne con la sintesi della zimeldina, un derivato dell'amitriptilina (un TCA). Questa molecola, infatti, era in grado di inibire selettivamente il reuptake di 5-HT con un minimo effetto sul reuptake di noradrenalina e non presentava gli effetti indesiderati tipici dei TCA. La zimeldina fu poi ritirata nei primi anni '80 poiché favoriva lo sviluppo della sindrome di Guillain-Barré. In ogni caso, il successo ottenuto con la zimeldina diede l'impulso per lo sviluppo di nuovi farmaci antidepressivi. Quest'impulso portò - alla fine degli anni '70 - alla scoperta di molti nuovi SSRI e di altri farmaci ad azione antidepressiva, come gli inibitori del reuptake di noradrenalina e serotonina (NSRI).

Classi di farmaci antidepressivi

Come sopra accennato, lo sviluppo di farmaci antidepressivi ebbe un notevole impulso verso la fine degli anni '70 e durante tutti gli anni '80. Ciò portò alla sintesi di nuove e numerose molecole.

Antidepressivi triciclici (TCA)

Come sopra affermato, questi farmaci

furono i primi veri e propri antidepressivi ad essere scoperti. I TCA inibiscono il reuptake sia della serotonina che della noradrenalina, legandosi ai recettori deputati al loro reuptake all'interno della terminazione nervosa presinaptica, il SERT e il NET. Tuttavia, questi farmaci provocano molti effetti collaterali, poiché inibiscono anche altri sistemi dell'organismo. Per questo motivo, i TCA vengono definiti "farmaci sporchi".

In particolare, i TCA sono in grado di:

1- Bloccare i recettori muscarinici (azione anticolinergica);

2- Bloccare i recettori α1-adrenergici;

3- Bloccare i recettori H1 (azione antistaminica);

4- Bloccare i canali del sodio a livello cardiaco e a livello del sistema nervoso centrale.

Fanno parte di questa classe di farmaci l'amitriptilina, l'imipramina, la clomipramina, la nortriptilina, la desipramina e l'amoxapina.

Inibitori selettivi del reuptake di serotonina (SSRI)

Gli SSRI si legano selettivamente al SERT, inibendo così il reuptake di serotonina. A differenza dei TCA non bloccano i recettori muscarinici, adrenergici e serotoninergici e, soprattutto, non sono cardiotossici. Appartengono a questa classe di farmaci la fluoxetina, la fluvoxamina, il citalopram, l'escitalopram, la sertralina e la paroxetina. Inibitori del reuptake di noradrenalina e serotonina (NSRI). Come dice il nome stesso, questi farmaci inibiscono il reuptake sia della serotonina sia della noradrenalina legandosi ai recettori SERT e NET. In un certo senso, i TCA possono essere considerati i precursori di questa classe di antidepressivi. Tuttavia, gli NSRI - a differenza dei loro precursori triciclici - non bloccano altri neurorecettori e, perciò, presentano meno effetti collaterali. Appartengono a questa classe di farmaci la duloxetina e la venlafaxina.

Inibitori selettivi del reuptake della noradrenalina (NaRI)

Gli inibitori selettivi della ricaptazione della noradrenalina si legano selettivamente al recettore NET, favorendo così una maggior permanenza del neurotrasmettitore nel vallo sinaptico. A questa classe di farmaci appartiene la reboxetina.

Modulatori della trasmissione serotoninergica (SARI)

I farmaci appartenenti a questa classe esplicano la loro azione antidepressiva potenziando la trasmissione serotoninergica attraverso l'antagonismo nei confronti dei recettori 5-HT2 e attraverso una debole inibizione del reuptake dello stesso neurotrasmettitore. Fanno parte di questa categoria di farmaci il trazodone e il nefazodone.

Modulatori della trasmissione noradrenergica e serotoninergica (NaSSA)

Questa categoria di farmaci svolge la propria azione antidepressiva antagonizzando i recettori adrenergici α2 e antagonizzando i recettori della serotonina 5-HT2 o 5-HT3. Appartiene a questa classe di farmaci la mirtazapina.

Inibitori del reuptake di dopamina e noradrenalina (DNRI)

Questi farmaci inibiscono selettivamente il reuptake di dopamina e - in misura minore - quello di noradrenalina. Possono anche esercitare una blanda inibizione del reuptake di serotonina. A questa categoria di farmaci appartiene il bupropione, un farmaco impiegato oltre che nel trattamento della depressione maggiore anche nella terapia per la disassuefazione dal fumo.

Inibitori delle monoamino-ossidasi (IMAO)

Come afferma il loro stesso nome, questi farmaci agiscono inibendo particolari tipi di enzimi, detti monoamino-ossidasi e deputati al metabolismo delle monoamine. Si conoscono due isoforme delle MAO, le MAO-A e le MAO-B. I farmaci impiegati nel trattamento della depressione sono inibitori non selettivi delle MAO - come fenelzina e tranilcipromina - e inibitori selettivi delle MAO-A, come la moclobemide. Gli inibitori selettivi delle MAO-B vengono, invece, utilizzati soprattutto nella terapia *del morbo di Parkinson.*

Stabilizzanti dell'umore

Gli stabilizzanti dell'umore vengono impiegati per il trattamento del disturbo bipolare. Possono avere effetti sia acuti sia a lungo termine. Il più conosciuto stabilizzante dell'umore è sicuramente il litio carbonato.

Terapia erboristica

Per la cura della depressione da lieve a moderata può essere utilizzata anche la terapia erboristica. In particolare, ci si riferisce al trattamento della malattia depressiva con l'Iperico, altrimenti conosciuto come erba di San Giovanni.

Questa pianta, infatti, è in grado di inibire il reuptake di serotonina esattamente come gli SSRI, ma, inoltre, è in grado di aumentare i livelli di noradrenalina, con conseguente aumento dell'energia e della responsività. Infine, l'iperico è anche in grado di aumentare i livelli di dopamina, promuovendo così un aumento del senso di benessere.

Cosa Fare

Non è sempre facile distinguere un "periodo difficile" dai sintomi depressivi veri e propri. La diagnosi precoce è ostacolata molto spesso dalla vergogna e dal rifiuto per questa condizione. Di seguito elencheremo alcuni consigli utili per riconoscere un sintomo depressivo e suggeriremo in che modo intervenire. È necessario prevenire il consolidamento dei sintomi e l'aggravamento della malattia effettuando una diagnosi precoce. La depressione inizia spesso con alcuni semplici malumori, apparentemente "fisiologici", anche se più intensi, ripetuti e ravvicinati:

1-   Percezione negativa degli eventi.

2-   Tristezza e irritabilità.

3-   Sensazione di "depressione" (si usa definirla così, ma questa parola viene utilizzata molto spesso in maniera inappropriata, mentre si tende a ometterla quando il dubbio è più forte).

In questa prima fase è molto importante cercare di invertire la tendenza dell'umore come azione preventiva. Se non trattati, questi sintomi possono evolvere in una condizione francamente clinica e determinare la comparsa di:

4-   Umore depresso per tutto il giorno e per diversi giorni.

5-   Incapacità di provare piacere durante le attività normalmente appaganti.

6-   Irritabilità, negatività e dolore emotivo immotivati o eccessivi.

7-   Anedonia (stanchezza, affaticamento, mancanza di energie).

8-   Aumento o riduzione anomali dell'appetito.

9-   Disturbi del sonno.

10-   Rallentamento o agitazione motoria.

11-   Mancanza di concentrazione.

12-   Sensazione di fallimento, colpevolezza (propria o altrui) e inutilità.

13-   Tendenza all'isolamento.

14-   Pensieri ricorrenti sul suicidio.

L'aspetto diagnostico più importante è la pervasività dei sintomi (ovvero la costanza e la durata), ma non è detto che si manifestino tutti e allo stesso tempo.

Avendo il sospetto di soffrire di un disturbo depressivo è necessario consultare subito un medico:

Medico di base per il primo approccio: di solito prescrive dei farmaci leggeri per facilitare una remissione spontanea.

Specialista: psichiatra o neurologo. È in

grado di identificare con più accuratezza il tipo di disturbo e prescrivere una terapia specifica.

Terapeuta: psicologo - psicoterapeuta. Identifica il meccanismo psicologico che provoca il disturbo dell'umore e interviene modificando i percorsi mentali, il sistema di elaborazione ecc. Non prescrive farmaci.

Detto questo, alcuni consigli molto importanti per la prevenzione (ai primi sintomi) e anche per la cura sono:

1-	Non abbandonare le attività consuetudinarie.

2-	Frequentare la collettività.

3-	Rispettare una dieta equilibrata.

4-	Praticare attività motoria sportiva.

5-	Non abusare di sostanze psicotrope: alcolismo, droga, tabagismo, binge eating disorder (alimentazione compulsiva).

6-	Evitare solo le circostanze che

provocano realmente sofferenza.

7-	Dedicarsi ad attività interessanti e in grado di "scollegare il cervello" dal rimuginio (pensare continuamente al futuro) o dal ruminio (pensare continuamente al passato).

8-	Abbandonare i luoghi comuni, cercare di superare la vergogna e cercare aiuto nei momenti di necessità. Rivolgendosi precocemente a uno specialista, nella maggior parte dei casi si può risolvere il problema con interventi leggeri e senza lasciare esperienze troppo significative.

In definitiva, i rimedi principali sono:

- Psicoterapia.

- Terapia farmacologica.

- Connubio di entrambi.

Cosa NON Fare

1- Rinunciare a una diagnosi precoce non rivolgendosi al medico.

2- Interrompere l'iter diagnostico qualora il medico di base consigliasse una visita specialistica.

3- Sottovalutare il malumore e le attitudini negative ricorrenti.

4- Cedere all'anedonia e interrompere la maggior parte delle attività (lavoro, sport, hobby, relazioni sociali ecc).

5- Trascurare il sonno e non regolarizzarlo.

6- Trascurare la dieta.

7- Isolarsi.

8- Rimuginare e ruminare continuamente.

9- Evitare o interrompere la terapia farmacologica.

10- Evitare o interrompere la

psicoterapia.

11-   Abusare di sostanze psicotrope.

12-   Tendere all'autolesionismo e sforzarsi di affrontare circostanze particolarmente disagevoli.

Cosa Mangiare

Il ruolo alimentare nella patologia depressiva è controverso.

Esistono delle basi scientifiche che suggeriscono una correlazione, ma l'impatto reale non è sempre così significativo (vedi anche: Dieta e Depressione: prevenirla a tavola).

In generale si consiglia di:

1-   Adottare una dieta normocalorica ed equilibrata. Talvolta richiede un impegno particolare, poiché alcuni farmaci usati nella cura hanno un effetto anoressizzante.

2-	Rispettare un regime alimentare con la giusta frazione di carboidrati.

3-	L'ipoglicemia e un eventuale chetoacidosi provocate dal digiuno o da una dieta low carb alterano l'umore, creando un andamento "altalenante".

4-	L'iperglicemia causata da una dieta troppo ricca di carboidrati può determinare una diminuzione dell'utilizzo di glucosio da parte del tessuto cerebrale, confusione, rallentamento e letargia.

5-	Se gradita, assumere una porzione di caffè al risveglio mattutino (momento peggiore nei depressi); può migliorare l'umore, a patto che non interferisca con l'azione farmacologica.

6-	Promuovere il consumo di cibi ricchi di omega 3: garantiscono l'integrità dei neuroni; quindi anche la loro funzionalità. Sono abbondanti nei prodotti della pesca, in certi semi oleosi (lino, kiwi, vinaccioli, soia ecc) e relativi *oli, olio di krill, di fegato di merluzzo ecc.*

Cosa NON Mangiare

1-   Evitare le diete ipocaloriche, in quanto aumentano il rischio di peggioramento dei sintomi.

2-   Evitare l'eccesso di bevande, integratori e alimenti fortemente stimolanti come: caffè, tè, energy drink, cacao, cioccolato fondente ecc. È importante soprattutto nelle patologie bipolari, nelle tendenze all'abuso e nei quadri clinici caratterizzati anche da sintomi ansiosi.

3-   Evitare l'assunzione di bevande alcoliche: aumentano il rischio di abuso e incidono negativamente sul metabolismo farmacologico. Possono peggiorare l'anedonia.

4-   Evitare cibi molto ricchi di istamina: ha un'azione stimolante che può compromettere l'azione farmacologica o scatenare forti mal di testa e peggiorare l'ansia. È presente soprattutto nei prodotti della pesca (pesce azzurro) e aumenta significativamente con la mal conservazione.

5-   Evitare cibi molto ricchi di tiramina: è un derivato dell'amminoacido tirosina. Come il precedente è un marker di cattiva conservazione. Stimola il rilascio di noradrenalina predisponendo alla tachicardia, alla cefalea ecc. Abbonda nei formaggi, nelle carni conservate, nella salsa di soia, nel pesce, nel vino rosso e in altri alcolici, nelle banane e nel cioccolato.

6-   Evitare cibi molto ricchi di glutammato: è un amminoacido che funge da neurotrasmettitore eccitante. Molto usato nell'industria alimentare come esaltatore di sapidità, abbonda nel dado da brodo, nelle zuppe pronte o liofilizzate ecc. L'eccesso è molto difficile da raggiungere con la dieta, ma può accadere nella cucina cinese.

7-   *Evitare l'eccesso di colesterolo e grassi saturi o idrogenati (soprattutto in conformazione trans): non hanno un effetto negativo diretto sulla depressione, ma una dieta ricca di queste molecole si associa a un peggioramento della funzionalità cerebrale. Abbondano nei cibi spazzatura come alimenti da fast food, confezionati, formaggi grassi, margarine, oli bifrazionati ecc.*

8-   *Evitare l'eccesso di acido arachidonico: è un omega 6 derivato dall'acido linoleico. È abbondante in alcuni semi oleosi e relativi oli (ad esempio nelle arachidi e nell'olio di estrazione). Soprattutto quando associato a un deficit di omega 3, l'esubero di acido arachidonico sembra peggiorare la funzionalità cerebrale.*

9-   *Non seguire diete senza carboidrati o con troppi carboidrati.*

Capitolo IV: Come vive chi incontra i mostri? Come viene visto dagli altri?

Come già detto precedentemente, sono sempre di più le persone che purtroppo almeno una volta nella vita hanno avuto a che fare con questi terribili mostri. Molti hanno voluto lasciare testimonianza delle loro esperienze per incoraggiare a chi va incontro a questo tipo di bestia a non vergognarsi, a non nascondersi, a non barricarsi in casa per paura di non essere compresi bensì a lasciarsi aiutare a trovare quale sia la via d'uscita migliore; ma allo stesso tempo che faccia letteralmente sentire uno schifo chi giudica, chi critica, chi ha pregiudizi infondati, chi non sa nemmeno dove stia sul dizionario la parola empatia e sensibilità.

1-   Carolina, 25 anni racconta;

Soffro d'attacchi d'ansia molto forti: ho sempre paura che succeda qualcosa. La mia ansia purtroppo si manifesta con una serie di problemi a livello fisico: sudore freddo e acido, pelle gelata, batticuore, incapacità di concentrarmi e mantenermi lucida, tremori, desiderio di compiere azioni assurde per risolvere il tema che mi ha scatenato l'ansia. Ho sempre paura che stia per succedere qualcosa o che sia successo qualcosa di irreparabile, che qualcuno sia morto o che sia in pericolo, che non ci siano soluzioni per risolvere tutti i miei problemi e che tutto crollerà inesorabilmente senza che io possa controllarlo o fare qualsiasi cosa per arrestare la caduta. La mia ansia mi impedisce anche di affrontare alcune giornate: andare a fare le analisi del sangue può diventare molto complicato se devo fare in modo di essere in ufficio subito dopo. Non importa che io abbia preso un regolare permesso per esami prenatali, comunque mi verrà l'ansia e finirò per procrastinare le analisi. La mia ansia mi rovina il sonno: mi sveglio di notte pensando che devo fare le lavatrici, pulire il bagno, pagare le bollette, risolvere una questione bancaria e fare la memoria dello spettacolo "La Locandiera". L'ansia che provo, talvolta, mi impedisce di uscire la sera perché temo possa succedere qualcosa ai miei cari mentre io mi trovo impossibilitata a raggiungerli tempestivamente in caso di bisogno. Questa condizione mi ha fatto vivere malissimo le prime settimane di gravidanza: alle prime due ecografie tremavo e la dottoressa non è riuscita a prendermi la pressione fino a quando non ho visto il battito del mio bambino sul monitor. In genere l'ansia mi rende difficile mantenere il controllo nei momenti di forte stress a lavoro, solo negli anni ho imparato a gestire i momenti di crisi obbligandomi non-so-bene-come a mantenere il sangue freddo. A volte sono così assurda che ho l'ansia perché mi viene paura di avere ansia. Qualche volta finisce molto male e mi trovo in balia di veri e propri attacchi di panico dove credo di essere lì per lasciarci le penne. Cosa faccio per stare meglio? Ad oggi niente. Purtroppo non sono più in analisi per una serie infinita di motivi, ogni tanto sento il bisogno di tornarci, ma poi dò la precedenza a cose che mi sembrano più importanti. Cerco di mettere in pratica alcuni vecchi insegnamenti per arginare il problema, ma ci sono alcuni temi che mi trascinano nel buio e nel freddo del mio tremendo inconscio. La morte dei miei cari è uno di questi temi: se mamma, Claudio, papà o uno dei miei fratelli non risponde al telefono io penso subito che possa essere in pericolo o che sia già bello che passato a miglior vita. Questo mi porta a fare telefonate compulsive una dietro l'altra, perché se la persona dall'altra parte del telefono non mi risponde subito io rischio davvero di farmi tutta Roma a piedi per trovarlo. Il tutto si intensifica se di mezzo ci stanno percorsi in motorino, bicicletta, automobile. A volte sto male, a volte sto malissimo, a volte invece sto bene: dipende dallo stress e dalla stanchezza. Più sono sotto pressione, maggiormente si presenteranno ansia e pensieri irrazionali. Una volta, al Colosseo, scrissi un messaggio su Facebook a un ragazzo che allora era un perfetto sconosciuto per chiedergli informazioni sugli spostamenti che aveva compiuto con Claudio, il quale era in ritardo all'appuntamento, con il cellulare spento, e stava generando in me l'ennesimo folle attacco d'ansia. Ho fatto la figura della fidanzata psicopatica gelosa, in realtà avevo paura che Claudio fosse morto. Se mi vergogno? Sì, mi vergogno, soprattutto quando in preda all'irrazionalità totale compio azioni che potrebbero far pensare di me brutte cose. Posso passare per la fidanzata gelosa, la fidanzata isterica, la fidanzata dittatrice ... nel corso della mia vita me ne sono state appioppate tantissime, ma la verità è che la mia è paura vera. Ho bisogno di essere rassicurata sul fatto che tutto sia in ordine, che tutto stia andando come deve andare, che non ci sia nulla di pericoloso o sbagliato. Ho bisogno del messaggino quando arrivi a casa e ho bisogno del messaggino quando parti per tornare da me. Oggi Claudio è in un bosco a fare delle riprese per un cortometraggio e il suo cellulare non prende. Non riceve né messaggi, né telefonate. Tutto il giorno, tutta la notte e tutta la giornata di domani. Io sono a casa da sola, dormirò da sola e domani mattina mi sveglierò da sola. Una volta avrei pagato per una condizione simile, adesso sono qui che cerco di inventarmi modi per passare la notte senza cedere all'ansia. Ho pensato di svelare questo piccolo spaccato della mia personalità perché sono sicura di non essere sola, sono sicura che molte persone come me soffrono così come soffro io, lottando tutti i giorni contro un mostro che non esiste e non può ucciderci e che di fatto non è nemmeno pericoloso. Credo che questa consapevolezza, quella di non essere gli unici, potrebbe essere tranquillamente il primo passo verso una risoluzione definitiva. Comunque la via migliore è sempre quella di chiedere aiuto a uno specialista, queste situazioni affondano spesso le radici in questioni irrisolte del passato, oppure in disequilibri che andrebbero indagati in un'ottica medica. L'analisi mi ha aiutata moltissimo, ma ho quasi avuto sempre l'impressione che una risoluzione definitiva non esistesse, ma che ci fossero solo delle strategie per arginare e tenere controllato il disturbo. Il confronto penso che serva anche per smentire o confermare questa mia visione così rassegnata. Non è stato facile scrivere e condividere queste quattro righe, ma credo sia utile per chi crede d'essere solo. Credo sia necessario a me perché, amante della scrittura, le cose nero su bianco mi fanno meno paura.

2-   Francesca, 47 anni racconta:

Francesca si presenta così. "Il problema è che mi preoccupo troppo, di tutto. Non ho motivo per non preoccuparmi di qualcosa. Il lavoro, la famiglia, la salute, il mio cane. Tutto mi rende ansiosa. Forse dovrei dire che mi preoccupo di tutto ciò che costituisce la mia vita. Mi rendo conto che non riesco a smettere di preoccuparmi. Non riesco a dire o decidere di non preoccuparmi per un certo periodo di tempo, o in un determinato momento. Tipo quando esco con le amiche, o per dormire. Io mi preoccupo costantemente per qualsiasi cosa. Questa cosa mi sta rovinando la vita, non mi rilasso, mi sembra di impazzire, di non avere più il controllo! Io non vivo, se non delle mie preoccupazioni. Impegnano tutto il mio tempo e le mie energie." Francesca ci fa capire come l'ansia generalizzata rappresenti uno stato caratterizzato da eccessiva ansia e preoccupazioni, *intrusive e pervasive, che compromettono l'intera vita della persona che ne soffre. Esprime la percezione di una completa mancanza di controllo sulle sue preoccupazioni, altro elemento caratteristico dell'ansia generalizzata.*

"E' da anni che va avanti questa cosa. Da anni vivo queste mille preoccupazioni e paure. Mi preoccupo talmente tanto da sfiancarmi, mi sento stanca e senza energie. Forse in alcuni momenti sono depressa e spossata. Spesso sono agitata, tesa, talmente tesa che i muscoli mi fanno male, irritabile, non riesco a concentrarmi, nemmeno su quello che mi sta dicendo il mio capo, se in quel momento sono iniziate le mie preoccupazioni. Ormai le chiamo così, per nome, le "mie preoccupazioni". Poi, quando sono fortunata, inizia il mal di stomaco, iniziano dei crampi atroci. Il mio fidanzato dice che la mancanza di riposo, anzi, la mia incapacità di riposarmi e la mia insonnia peggiorano tutto quello che sento. Questi problemi

sono iniziati gradualmente, e sono diventati ingestibili".

Francesca descrive i sintomi tipici dell'ansia generalizzata: facile irritabilità, irrequietezza, sentirsi tesi o con i nervi a fior di pelle, facile faticabilità, mancanza di riposo, difficoltà di concentrazione o vuoti di memoria, tensione muscolare, gastro-intestinali, insonnia o sonno agitato. Spesso Francesca descrive il suo rimuginio, processo che si può descrivere come delle catene di pensieri negativi che incrementano e mantengono lo stato d'ansia che lo ha innescato inizialmente, creando un circolo vizioso. Il semplice rimuginio non è un tratto specifico dell'ansia generalizzata. Tutti nella nostra vita lo possiamo sperimentare. Ciò che principalmente differenzia l'espressione patologica del rimuginio sono la scarsa capacità di controllo percepita su di esso e il non riuscire, nonostante svariati tentativi, a ridurlo.

"Mi sento impotente di fronte alle mie preoccupazioni, è come se in loro presenza io cessassi di esistere, bloccassi la mia vita, tutto quello che sto facendo in quel momento, per dare spazio a loro. Ho provato ad accendere la radio, a leggere qualcosa, a chiamare un'amica. Inizialmente funzionava. Per qualche istante riuscivo a spostare l'attenzione dalle mie preoccupazioni. Dopo poco si insinua poi un senso di costrizione, come se quello che ho iniziato a fare per non ascoltare le mie preoccupazioni rappresentasse non più una distrazione, ma bensì un elemento di disturbo. Quindi comincio ad odiare quello che sto facendo, a non sopportarlo, ad accorgermi che tanto non è ciò che mi interessa. A chi la voglio dare a bere? Io non riesco a non preoccuparmi. Non posso non preoccuparmi. E torno a preoccuparmi, più in ansia e sconfitta, incapace, impotente di prima." "A volte credo che preoccupandomi in questo modo arriverò ad impazzire. Diventerò folle. Come posso

pensare di vivere in questo modo, di passare la mia vita a preoccuparmi in questo modo? un bel giorno impazzirò, nel bel mezzo di una preoccupazione delle mie, totalmente impossibile da rassicurare e modificare. Forse in quel momento smetterò di preoccuparmi, o forse diventerò una pazza molto preoccupata. Quando penso a queste cose mi sento totalmente in balia dei miei pensieri, sento che i miei tentativi di bloccarli sono vani. E l'ansia, così come le preoccupazioni, aumentano." In questo caso Francesca opera una valutazione "negativa" delle sue costanti preoccupazioni. Le giudica come pericolose in quanto potrebbero condurla alla follia e all'impazzimento. Contemporaneamente sperimenta il fallimento dei suoi tentativi di distrarsi e di sopprimere il rimuginio, o di evitare determinate situazioni per il timore di non ottenere risultati soddisfacenti, o di chiedere continue rassicurazioni ad altre persone rafforzando la sua convinzione di non riuscire a controllare le sue preoccupazioni, di essere impotente e di rischiare di impazzire in balia di questi pensieri, aumentando considerevolmente il suo stato ansioso. Secondo il modello cognitivo-comportamentale le costanti preoccupazioni della persona con disturbo d'ansia generalizzato, e quindi il rimuginio, possono diventare oggetto di valutazioni anche positive, in quanto la persona vive queste valutazioni come l'unico modo possibile per "mantenere sotto controllo" i propri problemi, per sentirsi preparata ad affrontare o per prevenire le tragiche aspettative che si figura. Questa convinzione risulta erronea in quanto, paradossalmente, mantenendo alti livelli di ansia e continuando a preoccuparsi, si accentua, secondo un circolo vizioso, la sintomatologia sopra descritta acutizzando e mantenendo il disturbo d'ansia stesso. Il risultato è che la mente è occupata maggiormente nel rimuginio. Questi processi, quando ricorrenti e *sistematici, conducono alla sofferenza psico-fisica.*

3-   Paola Perego racconta:

Lei lo chiama il Mostro. Paola Perego cominciò a soffrire di attacchi di panico a 16 anni, quando ancora non si conoscevano e il massimo che un medico diceva era «ha l'esaurimento nervoso». L'hanno tormentata per 30 anni fino a quando, soprattutto grazie alla psicoterapia cognitivo comportamentale, ha smesso di «avere paura della paura». Ha sconfitto il mostro? "Ci ho messo 30 anni, ma da una decina si. La psicoterapia è stata fondamentale, alla terza ho vinto la battaglia. Il mostro era parte di me, lo è per tutti. Con la terapia svisceri i tuoi difetti, sensazioni, bisogni e, quando li conosci davvero, non fa più paura. La causa è sempre molto meno spaventosa degli attacchi di panico che genera. Per anni, per vivere, ho dovuto prendere dei farmaci".

È riuscita però a costruirsi una carriera. Non deve essere stato facile.

«Io potevo non guidare, non uscire, non mangiare, non vedere i miei amici. Ma mai stare senza lavorare. Perché ne avevo bisogno per vivere e perché mio padre mi ha trasmesso un senso del dovere fortissimo».

Anche suo figlio ne ha sofferto. Gli è stata d'aiuto?

«Ero agitatissima. Nel libro c'è un suo disegno che descrive un attacco. È stato bravissimo, voleva venirne fuori presto. Gli dicevo: ti vengo a prendere? E lui tornava in macchina da solo. È stato molto forte. Ha fatto terapia e in un anno ne è uscito».

Come le è stato vicino suo marito Lucio Presta?

«Mi ha compresa. Non bisogna mai dire: non è niente, oppure basta la forza di volontà. Non mi ha mai giudicata, fatta sentire inferiore, debole. Mi stava vicino e mi distraeva. Lucio è un uomo molto solido: qualunque cosa possa accadere, lui chiama un elicottero e ti mette in salvo».

4-   Sabrina racconta:

Soffro sporadicamente di attacchi di panico dalla tenera età di 19 anni; o meglio, a 19 anni questa cosa mi è stata "ufficialmente diagnosticata", ma io credo di soffrirne da sempre. Ora ho 34 anni, il tempo e le varie stagioni della vita stanno facendo il loro corso, ma i miei "fedeli amici" in tutti questi anni non mi hanno quasi mai abbandonato. Sono stata meglio in gravidanza, sebbene in gravidanza non si possano assumere farmaci specifici se non in dose minima, ma gli attacchi di panico fanno parte del mio esistere e tornano a trovarmi quando meno me lo aspetto, spesso quando sto per dimenticarmi della loro esistenza. Questo è il loro modo di esistere, forse, e forse è anche il mio. Nel mio percorso mi sono spesso trovata accanto persone che non hanno idea di cosa significhi convivere con questa patologia, o che questa sia appunto una malattia a tutti gli effetti. Alcuni sono restati e hanno voluto sapere, capire, altri ancora sono restati in silenzio e in accoglimento, ma in tanti, tantissimi, sono scappati, unendo alla mia sensazione di panico il senso di abbandono che peggiora solo le cose. Io, intanto, mi sono accorta che questa "malattia" è molto più diffusa di quanto si possa pensare e che spesso sono le persone più insospettabili a soffrirne, quelle che magari sono sempre pronte ad ascoltare gli altri senza mail lamentarsi, ad essere forti quando nessuno lo sarebbe, ad alzarsi la mattina senza quasi aver dormito ed andare al lavoro senza fare una piega. Spesso si tratta di quelle persone a cui senti di poterti appoggiare, perché loro sono forti come rocce e non riesci ad intravedere questo buio dentro, se non lo conosci. Il buio completo, questo è un attacco di panico. Una sensazione di paura, morte ed abbandono totalizzante ed incontrollabile, che ti prende la mente e ti paralizza il corpo. La prima volta che mi è venuto a trovare era un pomeriggio torrido di agosto e io ho iniziato a sentire un freddo tremendo mentre rientravo a casa, un freddo che produceva un tremore che non trovava sollievo in nulla, coperte, Phon, felpe su felpe. Me ne stavo appoggiata contro il muro piangendo e tremando, ma tremando talmente forte che anche il cuore e tutte le viscere mi tremavano. Pensavo ad una persona molto cara scomparsa di recente e in un momento la sua morte è stata la mia. Chi doveva fare qualcosa ha fatto del suo meglio ed è in questo modo che ho conosciuto Mr. Valium e poi Mr. Xanax e tutti gli altri rispettabili signori che ancora oggi mi tengono compagnia nei giorni più grigi. Cosa succede durante un attacco di panico? Succede che tu non sei più tu, che ti percepisci come un estraneo intrappolato in un corpo e in una mente di cui non hai assolutamente il controllo, che hai bisogno di andare non sai dove, di scappare da non sai cosa, di fermare il tremore delle tue gambe e delle tue mani non sai come. Succede che i muri sembrano piegarsi, le voci distorcersi, i suoni ovattarsi se non per i rumori più fastidiosi, che si amplificano; succede che ti trovi improvvisamente solo e indifeso mentre magari sei in mezzo ad un supermercato con centinaia di persone e ti sembra che tutte possano vedere ciò che ti sta accadendo dentro. Succede che per qualche momento muori e poi rinasci, sfinito come chi ha combattuto una battaglia contro il più atroce dei nemici e con il mondo che non è caduto, ma che ci è andato molto vicino. Mi è stato chiesto molte volte come faccio a convivere con gli attacchi di panico e contemporaneamente fare la madre, lavorare, essere una moglie. La verità è che chi soffre di attacchi di panico non è necessariamente diverso da voi persone normali, se non in quei momenti in cui si perde completamente, che se li conosci gli attacchi di panico diventano un nemico con cui convivere e a cui arrendersi dolcemente quando ti è possibile, perché solo in questa maniera potrai ostacolarlo nel momento in cui non puoi tollerare che ti voglia per forza portare con sé. Io non sono una psicologa o un neurologo, ma posso dire che solo una lunga terapia mi ha permesso di capire da dove arrivino nel mio caso questi buchi neri e soprattutto come non soccombere. Ho avuto attacchi di panico sporadici o frequenti in qualsiasi situazione della mia vita, persino mentre partorivo mia figlia, durante appuntamenti di lavoro importanti mentre parlavo davanti a più o meno persone, mentre sfilavo in passerella poco più che ventenne, mentre facevo la spesa con le mie bambine, semplicemente mentre dormivo, *svegliandomi di colpo con questa sensazione di morte. Sono sempre sopravvissuta e poche volte ho perso davvero il controllo; oggi riconosco gli attacchi di panico dal tremore alle mani che nel mio caso li contraddistingue e quando proprio devo provo a neutralizzarli, a chieder loro una piccola proroga di qualche minuto o qualche ora, a nascondere le mani che tremano e fare un grande respiro. Quando sono sola e posso concedermelo (quindi molto raramente) smetto di respingerli e mi lascio morire per qualche minuto, sicura che mi sveglierò più forte di prima. L'anno scorso, quando ho sentito per la prima volta alla radio la canzone En e Xanax di Bersani ho sorriso e ancora oggi al bisogno la ascolto e riascolto e la canticchio... Ed è proprio così che la penso: "se non ti spaventerai con le mie paure, un giorno che mi dirai le tue troveremo il modo di rimuoverle". Io sono una che senza vergogna convive con la paura e chi questa paura non vuole comprenderla o semplicemente chi non è in grado di non spaventarsi, non può far parte del mio percorso di vita. Credo che lo sappiano anche le mie bambine (anche se a loro ovviamente non ho mai spiegato in maniera esplicita cosa mi accade in quei momenti bui, limitandomi a dire che "mamma è stanca e deve riposare un attimo")... Loro lo sanno, perché quando io affondo nel buio mi accarezzano la schiena e smettono come per magia di litigare o fare domande. Sanno che la loro mamma dal buio torna sempre e che è solo questione di attimi in cui si deve dare tanto amore in più, o semplicemente se non se ne è in grado rimanere in silenzio accanto a te. Interrogatevi, fatevi domande, siate anche indiscreti, ma non lasciate mai sola una persona che soffre di questo disturbo, perché probabilmente la sua sensibilità la porterà ad essere una delle migliori persone che avrete la fortuna di conoscere in vita vostra.*

5-   Sono un ragazzo di 19 anni, il mio nome è Ben e non sono mai stato felice. Ho diviso la mia vita in quattro parti:

a) 3-10 anni: fase di aumento di peso e inizio della consapevolezza di essere "diverso".

b) 10-14 anni: fase cronica, piena adolescenza, dove ho subito torture fisiche e psicologiche dalla gente che mi stava attorno e le prime discriminazioni sociali ad ogni livello. Solitudine. Aumento di peso.

c) 14-17 anni: cambiamento psicologico, regolarizzate cattive abitudini (alcool, fumo), aumento progressivo dell'aggressività e dello sconforto di vivere, sensazioni di odio e compiacimento nel vedere la sofferenza altrui, perdita di un anno di scuola dovuta al mio cattivo andamento, aumento del pessimismo, inizio della perdita di autostima. Ancora aumento di peso.

d) 17-19 anni: stabilizzate le cattive abitudini, stabilizzata una personalità aggressiva e vendicativa, squilibri e sbalzi di umore, pessimismo cronico, perdita di peso dovuta ad un ricovero ospedaliero, scontroso, doppia personalità, arreso alla vita, falso, maligno e recentemente squilibrato mentale.

Da sempre obeso, mai avuto una ragazza, ho sempre avuto difficoltà nel vestiario, discriminato e deriso da tutti. Ora giro con un moschettone da trekking in tasca nel caso mi trovassi in difficoltà di fronte a eventuali pericoli e dovessi usarlo come tirapugni per sfogare la rabbia di 19 anni di vita senza mai sorridere.

6-   Fin da bambina, sembra assurdo, ma è così. Ricordo che mi isolavo e piangevo pensando sempre la stessa cosa: "Nessuno mi vuole bene". Ora ho 40 anni e la mia vita è sempre stata un'altalena di malesseri più o meno consapevoli. Eppure gli altri pensano che io sia una donna forte, sempre sorridente, "così solare" mi dicono. L'unico modo che ho per stare bene è quello di non lasciarmi coinvolgere emotivamente. Ma non sempre è possibile e quando capita (nel lavoro, negli affetti, nelle relazioni familiari) e vivo anche una minima delusione, è un disastro. Penso che farei meglio a non esserci, a non vivere, a lasciar perdere tutto. Sono stata da due psicanalisti diversi, uno che lavora in un ospedale pubblico e uno privato (da un euro al minuto) ma, incoraggiamenti a parte, non sono riusciti a indicarmi una via d'uscita. Ho anche seguito una cura a base di farmaci, soprattutto per riuscire a dormire, che mi ha fatto stare meglio, ma quando l'ho sospesa (dopo tre mesi) è tornato tutto esattamente come prima. Sono certa che ne uscirò, com'è accaduto altre volte, usando la ragione, facendomi guidare dal raziocinio e dal buon senso, distinguendo quello che è giusto da quello che è sbagliato. Devo staccare il cuore, però, e vivere freddamente perché, se mi lascio travolgere dai sentimenti e dalle passioni, resto delusa, sto male e piango, non dormo, non voglio vivere. Chissà, forse ha ragione chi ha detto: "Ma gli idioti perché non soffrono di depressione?". Forse è così e basta, come avere i capelli biondi o il naso storto, forse la depressione non è una malattia, ma è il naso storto. Qualche volta penso che avrei solo bisogno di non essere sola, di vivere come si faceva un tempo in comunità, tutti insieme con i nonni, i cugini, i parenti e i vicini, una vita più semplice e povera, ma forse più ricca di umanità. Nonostante tutto, io continuo a sperare...

7-	Per cinque anni ho affrontato innumerevoli momenti difficili: università, difficoltà economiche, incidenti stradali dei miei cari (uno dopo l'altro), perdita della mia migliore amica (non è morta, ma mi ha profondamente *delusa). Andavo avanti con i denti stretti perché c'era l'obiettivo: laurearmi e fare un lavoro che mi gratificasse (per questo e solo per questo avevo trovato la forza di affrontare l'università). Finita la scuola trovo lavoro come receptionist... lavoro noiosissimo. Innumerevoli colloqui: solo stage non pagati e io non potevo accettarli, mi servivano soldi. Ecco quindi l'amara scoperta. Per otto notti non ho dormito, con l'incubo di dover andare per forza a fare un lavoro che detestavo. Allucinazioni, sensi di colpa che mi hanno condotto ad una crisi psicotica: la sensazione vivida di essere all'inferno, con urla da indemoniata. Fortunatamente per me lì c'era mio fratello che mi ha preso con la forza, gridandomi di fidarmi di lui... beh mi sono fidata e dall'inferno sono passata al paradiso. Io ci sono stata e non c'è niente al mondo come quella sensazione di amore infinito. Comunque... mi hanno ricoverata e dopo due settimane di psicofarmaci sono tornata alla vita. Poi altre ricadute, perché la noia mi* attanagliava e non sapevo che fare nella vita. Mi sono data alla mia sola passione: la danza. È stata una vera terapia per me… ma se devo dirvela tutta, il passo decisivo per uscirne è stato l'accettazione profonda della malattia. Nel momento in cui l'ho assecondata, ha smesso di farmi male e ho ritrovato il gusto per le piccole cose. Ora dirigo una scuola di danza, ho tanti amici e anche una nuova migliore amica. Sono tornata alla vita. Sono tornata all'amore. Sperate gente… se ce l'ho fatta io potete farcela anche voi. Un bacio a tutti. Vi voglio bene.

8-   Mi chiamo Daniele, ho 23 anni e sono malato di depressione da circa cinque. Scrivo probabilmente perché dichiarare di essere in depressione è già qualcosa. Mi fa schifo tutto, non amo più la vita, mi sento assente (una velina), odio le persone, sono diventato nel corso degli anni molto cattivo e inaridito, non nutro più buoni sentimenti: questo almeno è quello che penso. In fondo all'animo però sono buono, ma il mio carattere è duro e intransigente, esco poco di casa perché le persone non mi stimolano e ormai ho tutti sulle palle: non hanno idea di niente, vivono le loro vite insulse senza sapere cosa sia la sofferenza. Questo è il mio problema: soffro e non so perché, vado dai dottori, prendo medicinali, ma la cosa che più conta in questo momento è che la vita mi fa schifo. Agli altri tanto e a me merda da tirare giù tutti i giorni, agli altri la normalità e a me la sofferenza. Sicuramente è la depressione che mi ha reso così. Non posso dire di aver avuto attacchi di panico, ma l'umore è già da tempo sotto i tacchi e qualsiasi cosa faccia mi sento vinto dalla vita e impossibilitato a poterne godere. Le cose belle ci sono, ma se non le puoi vivere che senso ha la vita? Comunque bisogna cercar di reagire, ma come? Non so se mi capite, ma il male più grande è l'impotenza. Nella vita o ci sei, e allora *tutto è comunque ok o non ci sei e allora sono cavoli amari. Carenza di amore: oltre al danno anche la beffa. Saluti a tutti*

9-   *Ho 40 anni e nella mia vita ho sempre dovuto lottare. Mio padre, anziano e alcolista, non mi ha dato sicurezza né aiutato in nessun senso, anzi, all'età di 16 anni, a causa di un suo incidente stradale, oltre a studiare ho dovuto anche occuparmi della sua piccola azienda agricola. Nonostante la mia insicurezza, sono stato il miglior diplomato della scuola e i miei datori di lavoro mi hanno sempre apprezzato per l'efficienza e la capacità di risolvere i problemi. Nei rapporti interpersonali, forse a causa del mio carattere introverso ed un poco timido, ho sempre sofferto, ma mascheravo la mia insicurezza con l'attivismo e l'essere sempre in movimento. Nel 1992 in tre mesi ho praticamente perso entrambi i genitori,* ma non mi sono abbattuto ed ho reagito. Ho sempre lavorato e nel poco tempo libero mi occupavo della piccola azienda agricola. Nonostante le difficoltà iniziali, sono riuscito a costruirmi una casa ed a raggiungere, a prezzo di enormi sacrifici, una piccola sicurezza economica. Quest'anno, in primavera, anche a causa di lavori impegnativi e forse per essere sempre di corsa, sono cominciate le crisi d'ansia. All'inizio di giugno sono crollato moralmente e fisicamente e sono entrato in depressione. Mi sentivo inadeguato, l'autostima era sotto i tacchi, non avevo voglia di mangiare né di fare niente e la testa si perdeva in brutti pensieri. Mi sono subito rivolto ad uno specialista che mi ha aiutato, anche con farmaci, a uscire da quel momento negativo. Mia moglie, i miei suoceri ed i pochi amici che hanno compreso il mio problema mi stanno aiutando. Adesso, dopo due mesi, ho ripreso a lavorare, so di non essere completamente uscito dalla depressione e certe giornate sono veramente dure, però

sto imparando ad accettarmi per quello
che sono ed a considerare che nella mia
vita ho anche fatto qualcosa di buono.
Delle volte, anzi, penso che la depressione
mi ha fatto capire che bisogna vivere la
vita senza sensi di colpa e senza
eccessivamente logorarsi. A tutte le
persone che si trovano in questa
situazione dico: possiamo uscirne, noi
siamo diversi dagli altri perché siamo più
sensibili, ma questa esperienza negativa
ci renderà più forti.

10-   Me ne sono resa conto da poco, da
quando ho chiesto pubblicamente aiuto,
ma in fondo sapevo che il mio modo di
amare non era giusto e che più amavo più
soffrivo. Sono anche arrivata a pensare di
farla finita: non volevo che la mia vita
continuasse con quella sofferenza. Poi mi
sono fermata. Ho rivissuto gli ultimi anni
in un lampo e mi sono vergognata di me e
di quello che avevo fatto. Lo conobbi per
caso, dopo sette anni felici di matrimonio

ed una figlia, ed entrò nella mia vita. Ero lusingata che un uomo talmente brillante, pieno di impegni, mi guardasse. Ero sovrappeso, mi vestivo da maschiaccio, eppure avevo intuito che gli interessavo. Gli bastarono poche parole ed in soli sei mesi persi 15 kg (non mangiavo più) e cambiai look. Ascoltavo e seguivo ogni sua parola e poco per volta mi innamorai. Ma per lui una relazione extraconiugale con me non andava bene (anche se ne aveva avute altre). Ogni volta che avevamo rapporti intimi, il giorno dopo mi accusava di essere io a spingerlo a tradire sua moglie. E così sono passati gli anni, io sempre al suo fianco al lavoro, sostenendolo, supportandolo, sacrificando la mia vita e carriera per la sua, sperando che un giorno potesse cambiare e riuscire a non sentirsi e a non farmi sentire in colpa per questo sentimento. È inutile aggiungere che non è cambiato, anzi ora si è anche allontanato. Non ci vediamo da qualche tempo: mi manca immensamente, ma sono molto più forte di prima. Ora le energie le utilizzo per me, per andare avanti e non più per lui, per piacergli, per essere all'altezza di ogni situazione, per essere brillante, simpatica, amica, amante e confidente. Ora provo rabbia nei suoi confronti. È sempre riuscito a tenermi al guinzaglio e se provavo ad allontanarmi, riusciva a riportarmi accanto a lui. Ne ho parlato con degli esperti, entrando molto più nel dettaglio di quanto si possa fare in poche righe, ho pianto ed ho provato compassione per me, mi hanno detto "Lei soffre di Dipendenza Affettiva": peccato però che non sono stati in grado (struttura pubblica di Milano) di prendermi in carico, così giorno dopo giorno imparo da sola e scrivo, ricordo e piango.

11-Ho 44 anni di cui almeno 30 passati soffrendo di depressione. I primi disturbi li ho avvertiti intorno ai 13/14 anni, ma forse ne soffrivo in maniera latente già prima. Ricordo che il mio medico curante, un generico, mi aveva diagnosticato "distonie neuro-vegetative" forse in mancanza di un termine migliore, ma non sapeva né darmi una cura né indirizzarmi ad uno specialista. Soffrivo d'ansia, sebbene allora non lo sapessi, e le crisi sono aumentate dopo la morte di mio nonno (1979). L'anno seguente morì anche mio padre e le mie capacità di reazione, già piuttosto scarse, furono compromesse definitivamente. Ho avuto anche la sfortuna di vivere in un ambiente non proprio amichevole (familiari compresi) dal momento che non solo nessuno mi ha aiutato, ma ero addirittura preso in giro e questo ha aumentato la mia sofferenza. La mia vita era totalmente compromessa: non avevo una fidanzata, né un lavoro stabile, né una vita sociale. Gli attacchi di panico mi hanno costretto ad andare un paio di volte al pronto soccorso, ma nessuno mi ha mai detto che il mio male era curabile. Dal 1996 al 1999 sono stato preda all'ansia, completamente assuefatto al Lexotan (90 gocce il giorno) che oramai mi autoprescrivevo. Nel 2000 la svolta. L'8 febbraio 2000 per l'esattezza. Nonostante la profonda sofferenza, parzialmente addormentato dalle benzodiazepine, ho trovato la forza di trasferirmi a Firenze per lavoro. Non so spiegare bene perché, forse l'aver cambiato città e aver conosciuto persone nuove, tra cui Deborah, a cui probabilmente devo la vita. Da quella data ho preso coscienza del male che mi affliggeva da tempo e che in pratica mi aveva letteralmente ingoiato l'esistenza e sono corso ai ripari, contattando uno psicologo. Psicoterapia a cadenza settimanale per quasi quattro anni, oltre all'intervento di uno psichiatra per eliminare l'assuefazione al Lexotan. Ho recuperato lentamente la voglia di vivere, lo stimolo sessuale e la voglia di fare le cose che più mi piace fare. Non mi sono mai sentito in questo modo in vita mia. Ho tenuto duro tra tante difficoltà e al

90% ne sono fuori. Mi sono aggrappato con tutte le mie forze all'opportunità di guarire perché avevo quasi immediatamente capito una cosa: se ne può uscire.

12-   Ho 34 anni e sono mamma di due bimbi meravigliosi. Dopo cinque anni di matrimonio, mio marito ed io abbiamo deciso di avere il nostro primo figlio il quale, peraltro, non si è fatto attendere. La gravidanza è stata splendida: nessun problema fisico e le attenzioni di tutti rivolte unicamente su di me e sul mio pancione! Fantastico! Finalmente arriva il momento tanto atteso ma, contrariamente alle mie aspettative, devo sottopormi ad un parto cesareo. Ecco la prima grossa delusione seguita, immediatamente, dalla seconda: il piccolino non vuole saperne di attaccarsi al mio seno perciò sono costretta ad allattarlo artificialmente. Il mondo sembra cadermi addosso, mi sento una *mamma fallita ed il bambino che ho tanto voluto mi appare ora come una presenza ingombrante! Piango in continuazione, un senso di profonda angoscia mi accompagna durante tutte le giornate che, peraltro, mi sembrano interminabili, sono assillata dall'idea che la mia vita non sarà mai più quella di prima, che non riuscirò più ad occuparmi delle mie cose perché ora sono madre di un piccolo sconosciuto che dipende totalmente da me! Con mio marito non riesco più a comunicare, mi sembra che lui non sia in grado di capirmi; l'unica persona che voglio accanto a me è mia madre perché so che anche lei, in passato, ha sofferto di problemi di tipo depressivo. Dietro suo consiglio mi rivolgo ad uno specialista ed inizio un percorso psicoterapeutico. Scopro così che la cosiddetta depressione post-partum colpisce circa l'80% delle donne e, devo dire, questa informazione un po' mi rincuora. Personalmente non ho avuto bisogno di prendere farmaci, ma sono riuscita con il supporto psicologico ad affrontare le difficoltà che, inizialmente, mi sembravano insormontabili. Oggi Andrea ha quasi sei anni ed il suo fratellino due. Ogni giorno con loro e per loro imparo ad essere "mamma", ogni giorno loro m'insegnano ad apprezzare la vita.*

13-   Ho 26 anni e mi trovo in un tunnel dal quale non riesco più ad uscire. Ho sempre avuto ottimi risultati a scuola fin dai primi anni di università. Per lo studio ho rinunciato a molte cose, accantonando sentimenti e svaghi. Poi è cominciato un periodo di instabilità psicologica: la mia omosessualità repressa si è manifestata in modo dirompente e mi ha portato ad un difficile cammino di autoaccettazione fisica ed etica. Ora ho accettato la mia natura, sono contento di essere così e non ho né paura né vergogna del mio modo di vivere. In quel periodo i miei risultati universitari sono stati meno brillanti: ora sono riuscito con fatica a portarmi ad un solo esame dalla laurea, la mia media però si è abbassata e al senso di frustrazione per i risultati ottenuti si è aggiunto il disinteresse. E inoltre ho un'ansia lacerante per il mio ultimo esame, che tento ormai da vari mesi senza riuscire a superare, ingabbiato come sono in un misto di inadeguatezza, timore e svogliatezza. Ho perso la combattività che avevo nei primi anni di studio e la voglia di vivere la mia vita. Come se l'avessi già esaurita tutta. Negli ultimi tempi la cosa è peggiorata ulteriormente perché i miei amici si stanno tutti laureando e cominciano ad entrare nel mondo del lavoro, mentre io sono rimasto dietro a tutti. Sto cominciando a provare un malessere profondo anche solo ad uscire di casa, a stare con chi ce l'ha fatta e chi può vantare un lavoro, un praticantato o qualche altra esperienza stimolante.

Vorrei dare un taglio alle cose accantonando l'università per un periodo e trovarmi un lavoro, ma temo di deludere profondamente i miei genitori, i quali non mi hanno MAI fatto pesare niente, sono sempre stati molto comprensivi, hanno accettato anche la mia omosessualità, ma sotto sotto sperano che questo figlio un giorno dia loro grandi soddisfazioni. Lo spettro del fallimento è sempre più presente e sempre più vicino. Non so che fare. Ho un ragazzo meraviglioso di cui sono innamoratissimo, ma non riesco a non pensare al fatto che la sua stima nei miei confronti possa un giorno svanire a causa dei miei fallimenti professionali. Questa situazione mi porta a pensare di essere meno intelligente degli altri. Anche se ho studiato tanto e conosco tante cose, non è dalle nozioni che si misura l'acutezza mentale. Sono sempre sul chi va là. Se c'è un confronto, penso che gli altri abbiano ragione ed io torto. Il mio ragazzo mi sta molto vicino e conosce i miei disagi, almeno in linea generale, ma temo che si allontani se la mia costante frustrazione dovesse continuare. La mia non è tanto paura di rimanere solo, quanto di perdere l'amore per colpa mia.

14-   Ciao. Sono Leila e anch'io ho scoperto la depressione sei mesi fa, quando avevo un ragazzo, frequentavo l'università, avevo amici e una famiglia stupenda... non me lo sarei mai aspettato. In realtà mi è stato difficile riconoscerla: ho iniziato a soffrire di inappetenza, nausea, vomito, poca concentrazione, ma soprattutto ero tanto e sempre più stanca. Ad un certo punto ho iniziato quasi ad arrendermi e a passare tutte le mie giornate a letto a piangere. Ho consultato mille specialisti (gastroenterologo, internista...) e a fare mille esami perché pensavo che si trattasse di un male fisico, ma non era così. Dopo due mesi ho iniziato a fare psicoterapia e a prendere antidepressivi. Dopo mille effetti indesiderati ho smesso di piangere e ho ricominciato piano piano a uscire e a tornare alla mia vita normale.

Dopo tre mesi e mezzo di terapia, mi sento più sicura di me, più energica, ma continuo a sentirmi depressa perché non riesco più a concentrarmi per studiare. Qualcuno sa se questo dipende dalla depressione? Mi sento inutile perché la mia vita non va più avanti, perché tutti i progetti che avevo per il mio futuro riguardanti il lavoro e l'amore sono svaniti. L'unica cosa positiva è che ho iniziato a studiare me stessa per capire su cosa sono caduta ed è strano come una superficialona come me sia diventata così analitica. Solo ora riesco ad apprezzare le cose più semplici, a prendermi meno sul serio e a godermi di più la vita. Ho scoperto di avere accanto degli amici stupendi che mi hanno sopportato tutto il tempo e mi hanno saputo ascoltare. Attraverso le mie confidenze siamo anche riusciti a diventare più intimi e più complici. Mi sono accorta che tutti, in maniera più o meno visibile, più o meno grave, hanno dei piccoli grandi problemi. Ora sono loro a telefonare a me per sfogarsi e per chiedermi consigli. Vorrei dirvi di non rinchiudervi mai in voi stessi, di avere il coraggio di parlarne con le persone più care o con le persone che avete appena conosciuto. Tutti possono darvi un consiglio e parole di conforto perché vi confideranno che ci sono passati anche loro e non vi faranno sentire soli. Non vergognatevi mai perché non siete gli unici. Ora sono molto più sensibile e non sono falsa se vi dico che vi voglio bene e vi sono vicino perché so cosa significa... prima o poi ritorneremo come prima... anzi meglio di prima... Un bacio.

15-   La mia avventura con questa "malattia" è iniziata probabilmente già fin dall'infanzia, ma non voglio spingermi tanto lontano. Vi dico solo che ho fatto diversi anni di psicanalisi e ho avuto una vita particolarmente intensa, sebbene abbia solo 41 anni: figlio di separati dall'età di otto anni, sposato la prima volta a 23 anni, la seconda a 38. Due figli dal primo matrimonio, che quest'estate sono andati via con la madre, tornando nella città nativa (a 500 km di distanza), a dispetto del rapporto che avevo con loro. Ma non credo sia questa la causa principale della mia malattia. La situazione attuale è questa: nel mese di dicembre 2005 ero arrivato in uno stato di tale depressione da non riuscire più a fare nulla. Ricordo che al tempo avevo ospiti i miei genitori a casa: sia loro che mia moglie erano seriamente preoccupati. Durante il periodo della psicoterapia (dai 23 ai 35 anni, per tutta la durata del primo matrimonio) ho fatto uso di Tavor alla dose di 3 mg il giorno. Probabilmente il medico che mi aveva in cura non riteneva che avessi bisogno di antidepressivi, anche perché il loro uso non rientrava nel suo metodo di cura. Diciamo che il Tavor è stata quasi una mia scelta, visto che mi rendevo conto di essere particolarmente ansioso. Per un anno circa ho interrotto le sedute con lo psicoanalista presso cui ero in cura, visto che lui, per motivi familiari, era stato costretto ad allontanarsi dalla città in cui vivevo. Sono andato da un'altra analista, anch'essa della stessa scuola del precedente. Ad un certo punto ho deciso di smettere di prendere il Tavor (dopo ben 17 anni), in quanto mi sembrava una schiavitù: è stata una cosa alquanto difficile, ma ci sono riuscito. Da quel momento il mio comportamento con i familiari e a lavoro è peggiorato: trovavo difficile lavorare all'interno di un ufficio perché la cosa mi provocava uno stato di oppressione. Mi sono state diagnosticate ulcere gastroduodenali, ernia iatale e gastroesofagite da reflusso. Spesso soffrivo (e soffro tuttora) di manie di persecuzione: passo mentalmente da un "colpevole" ad un altro, probabilmente perché il mio inconscio cerca una causa esterna, una responsabilità. Ma spesso mi rendo conto che sono io stesso a peggiorare le situazioni, fino a far sì che effettivamente avvenga il contrasto. Tornando al Natale del '95, ho deciso di andare da uno psichiatra per sottoporgli *il mio caso, dopo un inutile tentativo del mio medico di famiglia di curarmi con una dose minima di Zoloft (50 mg al giorno). Lo psichiatra mi ha indicato un cambio di terapia, prescrivendomi una dose di Efexor da 75 mg, più uno stabilizzatore dell'umore che, in realtà, non ho mai preso, dopo aver letto il foglietto illustrativo. Fatto sta che la cura ha funzionato, solo che all'inizio dormivo pochissime ore a notte, svegliandomi spesso alle 4 o 5 di mattina, con una gran voglia di fare 1000 cose. Nel giro di quattro mesi ho ripreso un sonno più regolare, ma l'effetto antidepressivo si riduceva sempre più, fino a portarmi a decidere autonomamente di raddoppiare la dose: 150 mg di Efexor a rilascio prolungato, in unica dose la sera prima di coricarmi. A questo punto ha fatto effetto, ma dopo soli due mesi il miglioramento è di nuovo svanito. Probabilmente senza Efexor starei molto peggio, ma la depressione, così come descritta nel Vostro sito, è ritornata,* insieme alle manie di persecuzione. Ammetto che molte volte riesco a riconoscere che sono io a deformare la realtà, ma ciò non è sufficiente a farmi stare meglio. Ho fatto anche un lungo periodo di meditazione (circa 3 anni) che talvolta era efficace, talvolta no. Poi ho smesso. I sintomi sono: scarsa voglia di fare qualsiasi cosa, mancanza di entusiasmo, apatia, sensazione di fare una vita inutile, non riuscire a fare sogni per il futuro, voglia di chiudermi in casa e non vedere nessuno, pensieri negativi riguardo cosa gli altri pensano di me, senso perenne di inadeguatezza, soprattutto sul lavoro, malessere in presenza di molte persone, difficoltà di relazione con gli altri in ogni situazione della mia vita quotidiana, tendenza a chiudermi in me e non raccontare a nessuno cosa mi passa per la testa (ma forse questo è meglio, visto i pensieri negativi che faccio). Francamente penso che sia più un fatto biologico che psicologico vero e proprio: in famiglia ci sono stati parecchi casi di depressione, in particolare una cugina ha tentato di togliersi la vita e mia nonna si è suicidata. Penso sia presente una componente ereditaria. Vedo altre persone depresse in famiglia che però non si curano, perché non vogliono riconoscere il problema: io, a differenza loro, forse grazie alla terapia, probabilmente l'accetto di più, anche se con grande difficoltà. Avrei bisogno di un supporto per tarare la terapia farmacologica: mi sono stancato di vivere una vita a metà, sempre in lotta con il mio malessere. Di contro non ho intenzione di andare ancora in terapia psicologica: ne ho fatta fin troppa e oltretutto ho speso cifre esorbitanti.

16-   Ciao, mi chiamo Kikka ho 24 anni e soffro di attacchi di panico... I miei attacchi sono una conseguenza di una depressione iniziata all'età di 15 anni, poi quando tutto mi sembrava finito, quando *tutto diciamo mi era passato (con l'aiuto di alcune amiche) si è presentata l'ansia.*

Mi ha letteralmente rovinato la vita, mi sono persa tanti anni della mia vita. Nel 2009 ho avuto uno dei miei attacchi di panico dovuto a una lite che vidi. Da quel momento ogni volta che qualcuno litigava io iniziavo a tremare e a stare male... non sapendo a cosa andavo incontro io uscivo liberamente ma tutte le sere i miei amici mi dovevano accompagnare a casa perché io non stavo bene... ero arrivata al punto di non poter uscire di casa perché io non mi ci vedevo fuori casa ma solo dentro, davanti alla Tv.

Nel 2010 tutto questo si era calmato un po', iniziavo a uscire, anche se i posti affollati li vedevo solo da lontano. Pensavo che la mia vita si stesse aggiustando e invece no... il 4 luglio 2011 io e alcuni miei amici decidemmo di andare al mare come fanno tutte i ragazzi di 19 anni. Che bello, l'anno prima non ci ero andata manco una volta, ero contenta di andare... inizio a entrare in acqua e tutto apposto, mentre stavo nuotando all'improvviso mi sale qualcosa dallo stomaco e non mi fa respirare... i miei amici per fortuna se ne accorsero perché io poi urlavo che non mi sentivo bene e subito mi portarono a riva, mi fecero sedere mi calmai ma niente da fare, quindi decisi di chiamare mio padre per farmi venire a prendere e mentre lo aspettavo quella sensazione mi venne di nuovo e io non respiravo... preoccupata la sera andai alla guardia medica e lì il dottore mi disse che era ansia, da quel giorno ho smesso di vivere, per paura mi levai anche il vizio del fumo.

All'inizio uscivo, poi mi sono chiusa è non c'è stato verso di farmi aprire... non potevo andare sul motorino perché mi mancava l'aria, non potevo uscire perché stavo male... io davvero stavo male, il dolore al petto, il dolore al braccio sinistro, il respiro che mi mancava... stavo davvero male, mi sono persa tutto, *per questo motivo non potevo andare al mare (io che sono olivastra di carnagione ero diventata bianca)...*

Se andavo al massimo una volta all'anno con mia zia e dovevo sapere se ci stava qualcuno di cui mi potevo fidare, mi sono persa le feste, le uscite con gli amici, le uscite con i parenti, il mare, il sole, il divertimento, non sono mai uscita con un ragazzo per la paura di sentirmi male, mi feci la cresima ma in chiesa mi misi a piangere perché stavo male e quando andavo a fare il corso dovevo avere la porta un po' aperta e a volte o non andavo o dovevo stare insieme a qualcuno pronta per fuggire, credimi me la sono vista brutta, anche solo prendere un caffè con le amiche per me era diventata un'impresa e non ti dico l'autostrada, mamma mia, in macchina mi sentivo morire, perché mi mancava sempre l'aria, e quando manco la notte riuscivo a riposare all'improvviso mi svegliavo in piena notte urlando che non potevo respirare...

Non potevo manco starnutire o vomitare, ho iniziato a mangiare peggio di una tartaruga... davvero io ero arrivata a un punto che o facevo qualcosa per me stessa o mi sarei abbandonata... poi la gente non capiva, basta che dicevano oppure dicevano che era una cavolata o che anche loro avevano attacchi di panico ma non come i miei... se solo penso a quello che ho passato mi viene da piangere, me la sono vista brutta, io davvero non lo auguro a nessuno manco al mio peggior nemico di vivere in questa maniera. Decisi di andare da una psichiatra, dato che comunque io non volevo prendere medicine glielo dissi, però non la vedevo adatta cioè io non ne sapevo niente di cosa fosse il suo lavoro però oltre a dire che dovevo uscire, dovevo vedere le amiche non mi diceva niente più e quindi anche con le sedute che avevo pagate me ne andai... dopo anni parlai con mia zia e lei mi consigliò una psicologa che lavorava dove stava lei... e a ottobre di 3 anni fa io ho iniziato ad andare dalla psicologa... la devo benedire, io avevo un problema, io stavo male ma davvero che mi sentivo morire, davvero che avevo dolori, giramenti di testa, stordimenti, battito all'impazzata, mi mancava l'aria e questa era la cosa che mi spaventava di più... ora posso dire che all'età di 24 anni io sto bene!

Sono fiera di me stessa e di dove sono arrivata senza prendere medicine ma solo prendendo per qualche mese la valeriana e andando dalla psicologa, i risultati si vedono a vista d'occhio. Anche gli altri me lo fanno notare e ne sono davvero contenta. Nel 2014 sono andata a Parigi, che era il mio sogno da bambina, ho fatto il mio primo tatuaggio, andavo un paio di volte al mare, anche se avevo i miei momenti perché posso dire che fino a quando non iniziava l'estate io sono stata male, ho fatto altri tattoo tra quale una scritta in una lingua straniera che vuol

dire "Resisti"… questo "Resisti" mi ha dato la forza di resistere a non lasciarmi mai andare, se stavo male devo resistere che tutto andrà bene… è strano sai, prima cercavo la sicurezza l'aiuto nelle persone invece mo' ho capito che l'aiuto e la sicurezza la devo prendere in me, ho imparato a controllare gli attacchi di panico iniziando ad accettarli, loro tuttora fanno parte di me… ma quanto è bello quando inizi a stare male che davvero ti sembra che stai morendo e dopo qualche minuto capire di stare bene e quindi iniziare a dire a te stessa, la prossima volta che arriverà, di aspettare perché passerà, tutto passerà…
Quest'anno ho fatto 2 settimane a giugno di mare, mi sono fatta una vacanza in Puglia con un'amica, sono andata da qualsiasi parte, sto uscendo con i miei amici, passo più tempo con loro, quando mi viene fatta una proposta difficilmente non accetto, scendo quasi tutti i giorni a prendere il caffè, dopo anni mi sono goduta la festa del patrono del mio paese

e la sagra che davvero è una cosa eccezionale, e pensare che vengono persone da tutta l'Italia e anche dall'estero e io non ci andavo, a novembre andrò al concerto dei miei idoli, e finalmente in 24 anni di vita uscirò con un ragazzo... una mia cara amica mi ha detto che sto diventando di nuovo come quando ero piccola, cioè abbronzata... diciamo che ho ripreso quasi tutte le cose che facevo prima, ho ripreso la mia vita nelle mie mani... non sto al 100% ma ci sono quasi e di questo sono contenta, perché come io piano piano grazie a una psicoterapia sto iniziando a guarire lo possono fare tutti... vi prego fatevi aiutare, e non dovete avere vergogna di avere l'ansia, non smettete mai di essere voi stessi... siete forti, siete brillanti, siete voi stesse e c'è la potete fare, a un certo punto nella vita arriva un momento dove dici "Basta!" basta a tutto si ricomincia a vivere. Alzati e Vivi! Scusa per lo sfogo ma quello che domani farai ti fa onore, perché tutti pensano che non è *niente, che è solo nella nostra testa, ma ho visto sulla mia pelle che non è così, l'ansia va vissuta e poi raccontata, ora ho voglia di vivere, di scoprire cose nuove e di recuperare tutti gli anni persi nella mia vita...questa è la mia storia, #Niente#Panico !!!!*

KIKKA MARTORELLI

17- Marina racconta: «È successo in estate, più di vent'anni fa, ai tempi dell'università. Ero su un autobus, diretta al mare: volevo passare la giornata in spiaggia assieme a un'amica. Ho cominciato a sentirmi male, mi sentivo soffocare, avevo la sensazione di svenire e sentivo il cuore che batteva troppo velocemente. Ero terrorizzata e non capivo il perché. Era il mio primo attacco di panico. Sono corsa giù dall'autobus e sono tornata a casa sperando che mi passasse. C'era con me il mio ragazzo di allora: anche lui non sapeva assolutamente che pesci pigliare. Dopo un po' mi sono fatta accompagnare al pronto soccorso: pensavo ci fosse qualcosa che non andava al cuore, perché batteva troppo forte. Mi hanno visitato e subito mi hanno dato un calmante: ho capito che il mio cuore stava benissimo e che il problema era un altro. Da quel giorno, per diversi mesi, ho avuto attacchi di panico violenti quasi ogni giorno, e anche quando non li avevo vivevo nel terrore che potessero arrivare da un momento all'altro. Ogni situazione rappresentava una minaccia: attraversare un ponte, entrare in un supermercato, prendere un autobus. Ho capito di avere a che fare con un problema complesso, difficile da risolvere, e così mi sono rivolta a uno psichiatra che mi ha consigliato di cominciare una psicoterapia. Piano, piano, con il passare del tempo, ho cominciato a capire come mi dovevo comportare con questo disturbo. Ho capito che potevo gestire l'attacco di panico, che non era necessario correre a *chiamare aiuto e che potevo imparare a calmarmi da sola. Mi sdraiavo, prendevo un ansiolitico e semplicemente aspettavo. Mi ripetevo: «Devi solo aspettare che passi, solo aspettare che passi». Immaginavo di essere in un mare agitato e mi dicevo che dovevo solo «fare il morto», galleggiare sulle onde finché la tempesta non si fosse calmata. Gli attacchi di panico si nutrono della tua paura: più li temi, più tornano a trovarti. Quando ho capito che non c'era niente da avere paura e ho cominciato a considerarli solo come dei disturbi fastidiosi, non più gravi di un'emicrania, me ne sono venuti sempre di meno. Fino a scomparire del tutto. Ne sono stata libera per oltre dieci anni, ma poi verso la fine del 2012, il problema si è ripresentato. Era un momento difficile della mia vita: stavo fronteggiando diverse difficoltà, tra cui un grave lutto. Stavolta l'ansia si è manifestata in un modo leggermente diverso: gli attacchi di panico erano più rari, venivano solo durante la notte. Però* vivevo ostaggio di mille malesseri diversi: tachicardia, formicolii, respiro corto, vertigini, nausea, gambe molli. Si chiama disturbo d'ansia generalizzato, una specie di inferno quotidiano senza senso. Anche stavolta, dopo avere escluso problemi di tipo organico, ho scelto la psicoterapia, però con una consapevolezza diversa. Rivolgersi agli specialisti è senz'altro importante, in molti casi necessario, soprattutto quando è la prima volta che si fronteggia questo problema. Però, alla fine, la verità è che una «cura» nel verso senso della parola non esiste. Spesso gli attacchi di panico vengono trattati con gli psicofarmaci, ma non sempre funzionano. La psicoterapia può essere utile per rivedere il proprio vissuto e fare chiarezza su cosa sta accadendo. Però tutto questo non è sufficiente, o almeno non lo è stato nel mio caso. Continuavo a stare male, con i sintomi di ansia generalizzata durante il giorno e qualche attacco di panico durante la notte. Allora ho considerato la situazione da un punto di vista diverso. Ho preso un periodo di aspettativa dal lavoro e ho cominciato a occuparmi solo della mia salute. Facevo yoga, meditazione mindfulness, camminate all'aria aperta. Ho capito che per stare meglio dovevo rivedere alcune cose della mia vita che non stavano andando come avrei voluto. È stato lì che ho deciso di mettermi a scrivere. La scrittura è sempre stata la mia passione, ma con il tempo ci avevo rinunciato. Allora ho cominciato a studiare libri di psicologia e self help, sui temi dell'ansia ma anche sul benessere psicologico in generale, e ho cominciato a scrivere di quello che imparavo su un blog. Scrivere per me è sempre stato importante. In un certo senso è una forma di meditazione: ti concentri sui tuoi pensieri, li fai fluire sul foglio. Scrivere aiuta a sciogliere un sacco di nodi, a prendere le distanze dalle nostre esperienze, a rielaborarle. Basta comprare un quaderno e scrivere un po' ogni giorno, ritagliarsi uno spazio di quiete per sé stessi. Io lo trovo molto terapeutico. Dopo il blog, è venuta l'idea di scrivere un libro. Quando ho cominciato a stare meglio e sono tornata a lavorare ho pensato di scrivere della mia esperienza. Volevo raccontare com'è vivere con questo fardello, senza fare del vittimismo, ma spiegando per bene cosa sono l'ansia e gli attacchi di panico. Purtroppo c'è un problema di comunicazione su questi temi: molte persone pensano che si tratti di disturbi poco importanti, di sciocchezze che si possono superare con un po' di forza di volontà. Altri ancora hanno paura, perché sono problemi della mente e su questo esiste ancora un forte stigma. Non siamo abituati a trattare la salute mentale come parte della salute in generale. Ci sembra normale curarci del nostro corpo, ma l'idea che anche la mente possa avere problemi e abbia bisogno di essere tenuta in salute ancora non fa parte della nostra cultura. Tutto questo però non fa altro che peggiorare la situazione di chi sta male. Già hai l'ansia e gli attacchi di *panico, poi senti anche la diffidenza di chi ti sta attorno, la mancanza di comprensione. Allora finisce che ti vergogni, e quindi stai male due volte: l'ansia e la vergogna rischiano di alimentarsi a vicenda. Per questo ho scritto questo libro, che si chiama La rana bollita. Una storia d'ansia, attacchi di panico e cambiamento. Per elaborare la mia vicenda e smettere di vergognarmi, e perché altri potessero riconoscersi nel mio racconto e forse sentirsi meno soli. Se dovessi dare un consiglio a una persona che si trova a soffrire di attacchi di panico per la prima volta, direi soprattutto due cose. La prima è: impara a fronteggiarli. Sono orribili, fanno molta paura, un'esperienza terrificante, ma alla fine non ci possono fare davvero del male. Quando smetti di averne paura e ti prendi cura di te stesso e del tuo malessere con dolcezza e comprensione, allora crei un terreno fertile affinché il panico venga a trovarti sempre meno spesso. Secondo consiglio: chiedi aiuto al medico di famiglia, allo specialista, allo psicoterapeuta. Un aiuto è necessario. Però non delegare il tuo benessere a queste figure, cerca di capire quali sono le cure che ti vengono proposte, informati e scegli. E cerca anche di capire cosa fa bene a te, di cosa hai bisogno per stare meglio. Fare del movimento e coltivare un'attività creativa per me sono stati una vera medicina».*

18-   *Ivan racconta: Scrivo in punta di piedi e con molta umiltà, come sono riuscito a vincere attacchi di panico, depressione e via dicendo. Faccio questa premessa perché non voglio insegnare niente a nessuno. Non voglio fare la figura del saputello o di quello che ne sa un treno... Sono disponibile a rispondere a domande e ad aiutare, ma lo faccio sempre con molta umiltà. Allora... un pomeriggio d'estate, ero sul divano di casa ed all'improvviso, ho iniziato a sentire il cuore battere più forte. Lì per lì* non ci feci molto caso, ma la mente non smetteva di pensare al cuore che batteva, dunque sono uscito a fare una passeggiata. Niente, nemmeno quello. Vado in parrocchia, mi metto a giocare e per un po' sembra che la cosa passi. Poi invece, all'improvviso, ecco che mi attacca con tutta la forza di cui è capace. Vertigini, tachicardia, gambe molli, nausea. Fermi tutti! Da quel giorno, è iniziata la mia fine. A poco a poco, avevo sempre più paura di uscire. Tornare nei luoghi dove avevo avuto gli attacchi poi era impensabile. Non riuscivo più a stare in luoghi affollati (facevo l'università e l'abbandonai), non riuscivo a fare una fermata di autobus, dovevo scendere subito, soprattutto quando l'autobus era strapieno. E guai a far vedere che stavo male, guai! Cercavo di nascondere tutto. In casa, le cose erano anche peggiori. Non riuscivo più mangiare, a dormire da solo (dormivo con la mamma nel letto), ero dimagrito e avevo persino paura di ridere (non si sa mai che mi si potesse rompere qualche vena nello stomaco), dormivo quasi tutte le mattine e non giocavo più a pallavolo (avevo iniziato a 6 anni ed era il grande amore della mia vita). Insomma, non vivevo più. Un giorno mi sporsi sul davanzale del balcone pensando di farla finita... ma non ne ebbi il coraggio. Una mattina, la mia seconda mamma (la mia nonna materna), mi portò alcuni settimanali (Oggi, Gente, ecc.) e su uno di questi, lessi la storia di Annalisa Minetti, la cantante NON vedente. Quando lei seppe che sarebbe diventata cieca, disse che doveva scegliere se vivere o morire. E scelse la vita. Ecco, ho letto quella frase e... non so come e non so perché, nella mia testa qualcosa è scoccato. Ho iniziato una risalita lenta, ma costante. Ho iniziato a divorare libri di psicologia, autostima, e via dicendo. Sono andato da uno psichiatra (una sola volta, ma è bastata, perché mi ha salvato la vita), che mi ha dato dosi di serotonina e qualche goccia di calmante, ma in dosi molto basse. A poco a poco, ho recuperato la mia *vita. Ma sia chiaro, non è stato per nulla facile. Sono dovuto arrivare ad un punto talmente basso, che mai avrei pensato di poter riuscire a risalire. Anche la Fede è stata MOLTO importante. Ma più di tutto, è stato il carattere che ho avuto, che mi ha aiutato a non arrendermi, non abbandonarmi. Ci sono voluti tanti e tanti mesi, ma alla fine, ho vinto io. Mi sono così tanto appassionato a questo, che ho deciso di studiare medicina e chirurgia, per riuscire ad aiutare le persone che passano attraverso questi oscuri cammini. Ecco, di seguito vorrei darvi alcuni consigli che sicuramente già conoscerete, ma non si sa mai:*

1) Non si muore di attacchi di panico o ansia. non si muore. nessuno è mai morto. sono attacchi subdoli e vigliacchi, ma non si muore;

2) Non vergognatevi di ammettere di soffrire di attacchi di panico. è una cosa liberatoria ammetterlo e dirlo a chi vi sta vicino. non soffocate il vostro stato d'animo o le vostre ansie. siate voi stessi;

 3) Il segreto è nella mente. Comanda tutto lei. Il corpo comanda la mente, così come l'ansia e via dicendo. Parte tutto da qui. Controllatela e avrete risolto l'80% del problema;

4) Seppur lunga, non dovete mollare mai, mai e poi mai. Si guarisce, si guarisce;

5) Dovete fare un reset della vostra vita. Cancellare tutto quello che è successo prima del panico, riaccendervi e ricominciare. E' una sorta di rinascita. dovete dimenticarvi di tutte le regole apprese, fare pulizia nel vostro cervello e iniziare finalmente a vivere, a qualsiasi età non è mai troppo tardi.

Dovrete avere una forza di volontà grande, ma grande davvero. Adesso, senza presunzione, mi sento molto più forte di prima. È stata la cosa migliore che potesse succedermi. lo dico adesso, ovviamente, ma vi giuro che superare una cosa del genere, può darti solo e soltanto *forza.*

Non so quanto tempo ci voglia per guarire, ogni caso è diverso, ma posso dirvi che se volete, lo volete davvero, se ne esce. Io ne sono la prova vivente.

Capitolo V: Come si sconfiggono i mostri?

State cercando rimedi per l'ansia perché non ce la fate davvero più? Sappiate che non siete da soli, anzi. Sconfiggere l'ansia è la crociata del nostro tempo, una battaglia che diventa guerra santa dato che si vorrebbe mettere k.o. il peggior nemico dell'uomo contemporaneo. Se soffrite di ansia e stress, spesso accompagnati da disturbi collaterali come insonnia e inappetenza, allora dovete correre ai ripari. Come? Facendovi aiutare dagli integratori alimentari giusti, oltre ovviamente a fare esercizio fisico, meditazione e riservarvi una parentesi giornaliera per voi stessi. Per aiutarvi a trovare gli integratori giusti che allevieranno e magari elimineranno del tutto la vostra ansia, abbiamo selezionato i migliori prodotti. Tutti naturali e privi di effetti collaterali, sicuri da assumere per un benessere psicofisico che vi farà rinascere. L'ansia è la peggiore compagna di viaggio che esista. Dato che il viaggio è la vita, vediamo di togliercela di torno il prima possibile. Ecco quindi tutti i rimedi contro l'ansia più validi in commercio. Ricordando ovviamente che in caso di attacchi di grave entità la cosa corretta è sempre quella di rivolgersi a un medico. Calma Stress di Matt è un integratore alimentare in gocce in grado di attenuare l'ansia. La Passiflora favorisce il rilassamento; la Valeriana è preziosa per favorire il sonno in presenza di stress; il Biancospino possiede benefici effetti rilassanti; il Tiglio favorisce il rilassamento nei momenti di maggior bisogno. Questo fitofluido associa questi quattro principi vegetali che, agendo in modo sinergico, possono essere un valido aiuto nei momenti di maggiore tensione e stress. Si consiglia l'assunzione di 20 gocce di prodotto due volte al giorno, diluite in un bicchiere d'acqua, *possibilmente lontano dai pasti. Il prodotto è adatto ai vegani.*

• **Ansie Stop** *è l'integratore alimentare di Healty Fusion in 30 capsule che calma l'ansia, ideale per tutti coloro che sono sottoposti ad alti livelli di stress o di grande sforzo fisico o mentale. Rilassa il sistema nervoso e fornisce un senso di benessere che porta a uno stato di rilassamento, necessario anche per conciliare un sonno di qualità. formulato con componenti di elevata purezza e qualità, microincapsulati per ottenere un'assimilazione ottimale. Contiene luppolo, passiflora, erba luigia, L-triptofano, vitamina B3, B6 e B1.*

• **Rescue Remedy** *è la famosa miscela nata dalla combinazione di 5 tra i 38 fiori di Bach originali, ossia cherry plum, clematis, rock rose, impatiens, star of bethlehem. Fornito con un flacone contagocce da 20 ml, si consiglia di* assumere 4 gocce direttamente in bocca a intervalli ravvicinati fino al miglioramento dello stato d'ansia. C'è chi crede ciecamente ai fiori di Bach e chi invece considera il Rescue acqua fresca. Di certo il contenuto di alcool di uva (ingrediente principale usato per conservare gli estratti di fiori) vi calmerà comunque, quindi va bene anche per gli scettici. Forse il potere calmante dei fiori di Bach dipende proprio dal loro contenuto alcolico, chissà.

• Il CBDoliv è un prodotto fitoterapico estratto dalla Canapa e dotato di numerose proprietà benefiche per l'organismo. Realizzato interamente in Italia con ingredienti naturali al 100%, è privo di sostanze tossiche. Ha una concentrazione al 10% di CBD e contiene anche numerosi Terpeni e Flavonoidi che lo rendono un prodotto completo, estremamente efficace e ad ampio spettro. Certificato e analizzato dal

Dipartimento di Farmacia dell'Università Federico II di Napoli, viene prodotto da Hemp Phytomedical, azienda leader nel settore Botanica e Fitoterapia. I 100 mg di CBD/ml sono diluiti in olio d'oliva. Allevierà efficacemente l'ansia in maniera naturale, provare per credere.

•MAGNESIO→Il magnesio è uno dei minerali più importanti per il nostro organismo, perché è coinvolto nelle reazioni più importanti del nostro benessere. La carenza oggi è più comune di quel che si pensa; uno dei sintomi è proprio l'ansia. Il magnesio ha un effetto rilassante sul sistema nervoso e, se assunto con regolarità, migliora anche la qualità del sonno.

•OLI ESSENZIALI→Una volta che si apprezzano gli oli essenziali e li si include nella propria vita quotidiana, non si riesce più di farne a meno. I loro benefici sono tanti, molti dei quali riconosciuti anche dalla scienza. Per alleviare l'ansia e calmare i nervi i più indicati sono quelli di camomilla, lavanda, ylang ylang, gelsomino, melissa e cipresso. Puoi usarli in un diffusore oppure anche diluirli in un olio vettore per dei massaggi. In caso di attacchi di ansia improvvisa, massaggiane qualche goccia sul plesso solare. Ti calmerà i nervi quasi all'istante.

•OMEGA 3→ I benefici degli acidi grassi essenziali sono noti. Proteggono dalla depressione anche dall'ansia. Secondo uno studio gli studenti che hanno assunto 2.5 mg di acidi grassi essenziali per 12 settimane, hanno mostrato meno ansia prima di un esame rispetto ai colleghi che avevano assunto un placebo.

•ASTINENZA DAL MONDO DIGITALE→Alcuni studi datati 2010 svolti presso l'Organizzazione medica di Hadassah, in Israele, mostrano un collegamento tra la dipendenza da internet, la depressione e l'ansia. Ma non è l'unico caso documentato, purtroppo. Anche alcune ricerche inglesi del Regno Unito sono state in grado di rapportare l'ansia e la tecnologia (computer, telefoni cellulari, portali di social network) e rivelano che in chi è predisposto all'ansia, la seconda agisce come un punto di svolta, rendendo la persona però più insicura e più sopraffatta da questa. Più nel dettaglio, lo dimostra forse meglio una ricerca cinese basata sullo studio di risonanze magnetiche del cervello la quale mette a fuoco che la dipendenza da internet può causare cambiamenti cerebrali simili a quelli osservati all'interno del cervello di alcolisti e tossicodipendenti, arrivando al punto di dimostrare che essere dipendenti da internet potrebbe essere la stessa identica cosa che essere dipendenti dalla cocaina. È di forte impatto, vero? Ma è così ed è provato dalla scienza. Non c'è alcun dubbio che il sovraccarico di informazioni, la vasta scelta di dispositivi tecnologici e il coinvolgimento emotivo dei social media possano creare ansia mentre cerchiamo di stare al passo con lo sbarramento digitale. Il trucco sta nell'auto-consapevolezza e nell'avere forza di volontà. Bisogna sapere quando è il momento di staccare la spina.

•VITAMINE → Ti suona strano? All'inizio anche a me, lo ammetto. Poi ho letto uno studio svolto presso l'Università di Swansea, in Galles, che ha dimostrato come le persone che hanno assunto una pastiglia multivitaminica per la durata di un mese hanno sperimentato una riduzione dell'ansia di circa del 68 per cento. Questo perché sono riusciti ad integrare eventuali carenze nella dieta e queste provocano un calo di funzionalità degli enzimi i quali, a loro volta, possono influenzare gli stati d'animo. vitamine e minerali, quindi, vengono in soccorso e regolano i processi biochimici nel cervello che influenzano l'umore. In supporto alla ricerca sopracitata arriva anche un secondo studio più recente, datato luglio 2013, dell'Università di Calgary che ha scoperto che gli integratori di vitamine e minerali possono migliorare l'energia mentale e il benessere generico nelle persone soggette all'ansia. Prova a integrarli nella tua dieta e scoprine gli effetti, potresti stupirtene in modo positivo!

•ALLENARE LA CONSAPEVOLEZZA→Uno strumento straordinario che ci portiamo dietro sin dall'istante in cui le nostre funzioni cerebrali sono complete, è il libero arbitrio. Abbiamo la possibilità di scegliere dove e quando focalizzare la nostra attenzione: in cose che hanno su di noi un impatto positivo o in altrettante cose che ci provocano uno stato di preoccupazione insensata. Rick Hanson, un neuropsicologo e uno degli autori più prolifici e autorevoli del New York Times, descrive nel suo libro "Just One Thing" questa duplice facoltà del processo decisionale come un riflettore di combinazioni che funziona come un moderno aspirapolvere: riflette i pensieri e poi li succhia? letteralmente all'interno del nostro cervello. Quello che forse non sappiamo è che possiamo allenare la nostra attenzione e sviluppare un migliore controllo su di essa. Hanson consiglia e parla della consapevolezza, di allenare la propria mente ad esercitare la consapevolezza. È scientificamente dimostrato che esercitare la consapevolezza provoca lo sviluppo degli strati corticali nelle regioni del cervello che controllano l'attenzione in modo da ottenere una migliore focalizzazione. Aumenta anche l'attivazione di una delle aree della corteccia prefrontale che aiuta a controllare e ridurre le sensazioni negative che possono provocare l'ansia. Ma come possiamo essere più consapevoli? Lo stesso Hanson consiglia di prendersi qualche minuto o più ogni giorno per praticare la meditazione mindfulness e concentrarsi sulle sensazioni che il nostro respiro dà. Durante la giornata proviamo a stabilizzarci e riflettere su ciò che sta accadendo intorno a noi e dentro di noi. Sai, è persino possibile utilizzare eventi ricorrenti come i pasti o un telefono che squilla per allenare la consapevolezza.

•AVERE LEGAMI SOCIALI STABILI→Una vasta e ricca ricerca mostra quanto sia alta l'influenza per la nostra salute a lungo termine la qualità dei rapporti personali e il sostegno sociale. Lo dicono i ricercatori della Concordia University con uno studio pubblicato nel giugno 2013 nel quale rivelano che correre ai ripari vedendo altre persone nel corso di un evento stressante è un modo efficace per *migliorare l'umore. Isolarsi, al contrario, aumenta l'ansia, il rischio di depressione e diminuisce la fiducia verso gli altri. Prevenire non è una strategia utile come rimedi contro l'ansia. Lo è, invece, fortificare i propri legami sociali in modo da rafforzare la propria capacità di gestire l'ansia.*

•ASCOLTARE MUSICA→Diversi studi dimostrano che ascoltare musica sia uno degli ansia rimedi più forti e potenti. Sono gli scienziati dell'Università del Kentucky a farlo notare, mostrando come la musica risulti efficace al pari di un vero e proprio intervento non farmacologico ed è in grado di ridurre l'ansia prima di un'operazione chirurgica e di alleviare poi il dolore fisico dopo l'intervento a cui si è stati sottoposti. Ora, se la musica ha questo grandissimo potere e può dare un forte contributo per

combattere l'ansia nei momenti estremamente difficili della vita, proviamo a immaginare che cosa può fare nella vita di ogni giorno. Questo perché con la musica arriva una carica di dopamina, la sostanza chimica del benessere. Gli studi dimostrano che una musica lenta e dolce sia quella più indicata per lenire l'ansia.

•SEGUIRE L'ESEMPIO DEI MONACI TIBETANI→o, anche in questo caso non ti sto consigliando di diventare un eremita e di allontanarti dal caos cittadino. Ma ogni scienziato e appassionato di tecniche di meditazione zen sa bene che la meditazione riduce l'ansia ed esistono persino studi scientifici che ne dimostrano l'efficacia. Uno di questi proviene dal Wake Forest Baptist Medical Center ed è stato pubblicato nel recente 2013. Questa ricerca ha identificato quali aree del cervello vengono attivate e disattivate durante il sollievo che la meditazione produce contro l'ansia. Si parla sempre più della meditazione consapevole in cui bastano appena pochi minuti di pratica per ridurre l'ansia che si prova nella vita di tutti i giorni. Infatti, i ricercatori hanno scoperto che questa aiuta a sopire l'ansia del 39 per cento. Mica male, non trovi?

•VINCERE L'ANSIA RIDENDOCI SOPRA→Può sembrare una stupidaggine ma non lo è. Lo dice Karen Lynn Cassiday, psicologa clinica presso Chicago e Presidente eletta dell'Anxiety and Depression Association of America. La nota professionista afferma che coltivare un buon senso dell'umorismo e ridere fa bene, anche per vincere l'ansia. Infatti, anche si tratta di una risata finta, non sentita con il cuore, si rilascia la dopamina che è una sostanza chimica del cervello che controlla i sentimenti e la sensazione di ricompensa e piacere.

Uno studio pubblicato nel 2008 sul The Faseb Journal e presentato all'interno di un convegno di medicina ha visto protagonisti i ricercatori dell'Università di Loma Linda che hanno scoperto come un'allegra risata è in grado di ridurre il cortisolo, l'ormone dello stress, il quale aumenta quando si entra nello stato ansioso.

•ANDARE VERSO QUALCOSA CHE SI PUO' TOCCARE CON MANO →Quando l'ansia colpisce, uno dei rimedi più utili e produttivi sta nel fare qualcosa di concreto. Ce lo dice John Tsilimparis, terapeuta e consulente matrimoniale e familiare a Los Angeles nonché professore nel ramo psichiatrico presso la Pepperdine University. Ma che cosa significa? Che cosa vuole dirci con *esattezza? Più precisamente, Tsilimparis suggerisce di afferrare un oggetto e di tenerlo in mano fino a quando ci è possibile, come per esempio un cubetto di ghiaccio. E perché? Il medico spiega che il nostro cervello non può e non riesce a essere in due posti e luoghi in contemporanea, quindi l'attività che stiamo facendo ci distrae dai sentimenti ansiosi. La mente si sposterà, quindi, dai pensieri catastrofici che accompagnano all'ansia al cubetto di ghiaccio freddo che stai tenendo in mano. Secondo alcune ricerche, la tecnica di Tsilimparis viene utilizzata in maniera analoga all'interno di studi medici. Molti dottori, infatti, utilizzano un sistema di distrazione fatto a realtà virtuale in grado di ridurre l'ansia durante le procedure dentistiche. Questo studio dimostra che i pazienti immersi in un ambiente realistico generato da un computer hanno riportato meno ansia e dolore rispetto a chi non lo ha usato.*

•*PIANIFICARE IL TEMPO* →Sembra che ritagliarsi un pezzetto del proprio tempo ogni giorno per preoccuparsi possa essere una strategia utile. Lo dimostra uno studio condotto nei Paesi Bassi che ha analizzato come le persone con problemi di adattamento e di ansia che hanno programmato 30 minuti di spazio con sé stessi per pensare alle proprie ansie sono stati poi in grado di far fronte ai loro problemi. La ricerca ha utilizzato una tecnica chiamata? Controllo dello stimolo? ed è stata analizzata, approfondita, studiata nel dettaglio per un tempo lungo ben 30 anni. Mettendo quindi da parte mezz'ora della propria giornata per pensare alle preoccupazioni che ci assillano, e prendere pertanto in considerazione delle soluzioni a riguardo, fa sì che si eviti di ritornarci sopra durante il resto della giornata.

Lo studio è stato pubblicato nel numero di luglio del Journal of Psychotherapy and Psychosomatic e ora andremo ad analizzarlo più in profondità.

Un Passo Per Volta: Lo studio ha cominciato partendo da una base di 62 pazienti osservando già dei buoni risultati. Si è scoperto che le persone che hanno utilizzato le tecniche di riduzione della preoccupazione prima di iniziare i regimi di terapia hanno ridotto i sintomi di ansia, stress e depressione, più di coloro che usano soltanto dei trattamenti standard. Quattro sono i passaggi coinvolti nella terapia del controllo dello stimolo per ridurre l'ansia. Lo afferma un medico che non è stato coinvolto nella ricerca in sé ma faceva parte del gruppo iniziale che ha sviluppato la terapia nei primi anni del 1980. In primo luogo, i pazienti andranno a identificare e realizzare quanto in realtà si sentono preoccupati. In secondo, dovranno mettere da parte un determinato periodo di tempo e trovare un posto adatto per pensare a quelle ansie che hanno identificato. Il terzo passaggio consiste nel catturare il momento in cui ci si sente ansiosi e rinviarlo, concentrando la mente sull'attività (vedere il cubetto di ghiaccio affrontato in uno dei punti precedenti dell'articolo). Infine, ai pazienti verrà detto di usare il tempo che si sono ritagliati per preoccuparsi e cercare di risolvere i problemi presenti nella loro vita. Nello studio olandese, anche chi ha eseguito soltanto il primo dei quattro passaggi suggeriti è andato meglio di chi ha ricevuto solo le cure per i problemi di ansia, anche se ovviamente è andato peggio di chi, invece, ha completato tutte e quattro le fasi della terapia. Questo dimostra che il programma di controllo dello stimolo è efficace, soprattutto se seguito dopo aver imparato a gestire lo stress.

Cercare di Passare Oltre: I risultati sollevano l'idea che alcuni trattamenti possono essere più efficaci se si aiutano le persone afflitte a passare un po' sopra le loro preoccupazioni. Per questo, alcuni medici indicano che lo studio dovrebbe essere ripetuto usando come campioni grandi gruppi di persone, aumentandone così la portata generale. Perché preoccuparsi troppo può avere un effetto dannoso anche sulla salute fisica. Ma è possibile che l'eccesso d'ansia venga curato e trattato con tecniche simili a quelle che vengono utilizzate per frenare l'eccesso di cibo. Alcuni esempi? Alle persone che tendono a mangiare troppo si consiglia di impostare un tempo e un posto dedicato al cibo. In questo modo chi mangia di fronte a un programma televisivo possono, nel corso del tempo, arrivare a pensare che guardare la televisione può scatenare il processo di fame. Allo stesso identico modo, le persone ansiose possono trovarsi ad associare i luoghi scelti per preoccuparsi alle ansie stesse da cui andare a rifugiarsi in futuro. Questo è ciò che lo studio dimostra con i fatti. Tuttavia, come per moltissimi altri trattamenti, è sufficiente provare che la tecnica in sé fornisce una sorta di effetto placebo che aiuta le persone a trattare con l'ansia. Ciò che però è assodato è che pianificare un momento per riflettere sulle proprie ansie in effetti aiuta a ridurre le preoccupazioni nel lungo periodo.

•*TROVARE UN LUOGO TRANQUILLO*→Quando sopraggiunge un attacco di panico è bene ritirarsi in un luogo sicuro e tranquillo, possibilmente lontano dalle persone. I luoghi affollati, con la moltitudine di gente e i rumori, aumentano la sensazione di malessere. Molti lamentano il senso di costrizione e la paura che "l'aria possa non bastare". Altri potrebbero sentirsi a disagio nel farsi notare dalle altre persone, temendo di essere considerati "malati" o peggio ancora "pazzi". Se potete, slacciate la cintura o togliete la cravatta per sentirvi a vostro agio.

•*NON CEDERE ALL'EVITAMENTO*→ritirarsi in un luogo appartato durante l'attacco di panico non significa dover evitare a priori i luoghi affollati. Non associate il contesto in cui accade per la prima volta l'episodio di panico con la sua causa. Ci sono persone che hanno il primo attacco al cinema e smettono di andarci per mesi, altre lo hanno in macchina e rinunciano a guidare. Non c'è alcun legame tra luogo ed ansia. In realtà, se evitate tutti i luoghi che considerate pericolosi, non farete altro che alimentare il circolo vizioso dell'ansia, finendo con il ritrovarvi soli e chiusi in casa.

•*RAZIONALIZZARE I PENSIERI*→Gli attacchi di panico non producono danni, non portano alla morte, né scatenano infarti. Sono manifestazioni legate all'ansia, quindi conoscete benissimo la causa. Nonostante i sintomi siano davvero brutti e spiacevoli, dovete ripetervi che passeranno presto e che non vi succederà nulla di male. Pensare al contrario che potreste essere in pericolo non farà che alimentare l'ansia e di conseguenza incentivare tutti i sintomi.

•CONTROLLARE LA RESPIRAZIONE→Potete imparare a respirare in maniera corretta invece di seguire l'affanno. Inspirate lentamente con il naso, immaginando di gonfiare un palloncino dentro lo stomaco. Trattenete l'aria per qualche secondo e poi buttatela fuori con forza, sgonfiando il palloncino immaginario. Per riuscire ad acquistare confidenza con le tecniche di respirazione può essere utile seguire un corso di rilassamento e di immaginazione guidata. Questi esercizi aiutano a ridurre l'ansia se praticati con costanza e vi torneranno utili per capire come affrontare un attacco di panico.

•*IMPARARE A RICONOSCERE L'ATTACCO DI PANICO*→Paradossalmente dovrete diventare esperti dei vostri sintomi e delle sensazioni corporee. Questo aumenterà la sensazione di avere il pieno controllo e non vi farà cadere nella paura. Considerate che l'episodio di attacco di panico ha un suo inizio, un punto di massima esplosione sintomatica e poi la lenta decrescita. Questo significa che la durata temporale è limitata e che sapete già cosa aspettarvi. Ripetervi questi passaggi mentalmente ridurrà il disorientamento e allontanerà i pensieri negativi.

•*PRENDERE IN MANO LA SITUAZIONE*→Se avete avuto un primo episodio di panico, non aspettate che arrivi il secondo dopo qualche giorno o qualche mese. Il vostro corpo vi sta lanciando un chiaro messaggio ed è bene capire cosa significa. Far finta di nulla, minimizzare e banalizzare non è una buona risposta. Quando avete il mal di gola non siete soliti correre ai ripari? Se notate una carie non andate subito dal dentista per evitare il peggio? Dovete avere la stessa accortezza con i sintomi di natura psicologica. Rivolgersi ad uno psicologo per una prima consulenza potrebbe aiutarvi a capire come gestire al meglio la vostra difficoltà.

•*EVITARE IL FAI DA TE* →*Spesso capita che i più avventati assumano farmaci senza alcun controllo medico, magari recuperando le pasticche di un altro familiare o le goccine prescritte tempo addietro per una situazione analoga. Gli psicofarmaci hanno effetti specifici sul nostro organismo e assumerli senza aver prima consultato un medico significa* mettere a rischio la propria salute. Lo stesso vale con i rimedi naturali per l'ansia. Il consulto di un professionista esperto è fondamentale per risolvere in maniera efficace la situazione.

•RELAX→Esistono tanti modi per scaricare l'ansia e le energie negative. Fate attività fisica, concedetevi una passeggiata in campagna o in alta montagna. Se avete un cane ritagliatevi del tempo per giocare con lui. Gli animali hanno un potere empatico straordinario e migliorano il nostro umore con la loro presenza. Non a caso sono utilizzati ampiamente nella pet-therapy.

•COCCOLARSI→A fine giornata, riempite la vasca da bagno di oli essenziali e godetevi il silenzio e l'acqua calda.

Spegnete tablet, cellulari e computer, tirate fuori le matite colorate e rilassatevi colorando i mandala. Questa tecnica manuale ed espressiva, che abbiamo abbandonato crescendo, ci farà fare un tuffo di ricordi nel passato oltre a favorire la nostra concentrazione, scacciando via i pensieri tossici e negativi.

•ESPRIMERE SÉ STESSI→L'ansia nasce spesso dal conflitto tra ciò che vorremmo essere e quello che ci ritroviamo a fare, costretti dalle norme sociali, dalle aspettative familiari e dagli impegni. Ritrovate voi stessi, date sfogo alla vostra natura, seguite i vostri istinti e trovate il coraggio di dire no. Si può dire no al capo, alla collega invidiosa, alla suocera che ci critica, al partner che ci ignora. Iniziate a costruire dei paletti per difendere la vostra persona e vedete che le cose andranno sicuramente meglio.

•*FAI SENZA PENSARE ADESSO* →Cogliere l'attimo è il modo migliore per evitare di rimandare azioni e decisioni, una tendenza molto comune in caso di depressione, ma che rischia di allontanarci ancora di più dal flusso della vita. Per vincere la tristezza è indispensabile riprendere in mano le redini del proprio destino. Poco importa se l'umore e le intenzioni non sono quelli migliori; per vedere un mutamento, invece che sederti, alzati e agisci.

•*RISCOPRI LA MANUALITA'* →Il lavoro manuale aiuta a fronteggiare situazioni difficili da un nuovo punto di vista, incrementa la consapevolezza di sé e ti permette di osservare il prodotto concreto delle tue azioni, creando una situazione di benessere naturale. Che si tratti di cucinare, dipingere, creare, fare bricolage è importante focalizzare l'attenzione sui gesti che si compiono e solo su quelli. Questo da solo svuota la mente da condizionamenti e preoccupazioni, favorendo in questa maniera la naturale produzione di sostanze che promuovono gioia e felicità.

•*GUARDA LA REALTA' COSI' COM'E'*→Superare la depressione è una sfida da vincere in prima persona. Per questo, ogni volta che ti trovi ad affrontare un avvenimento avverso, non attribuire la colpa al destino o alla sfortuna, ma inizia a domandarti cosa hai messo in campo tu. Solo così facendo potrai modificare davvero condotte ed abitudini nocive che risultano di ostacolo al raggiungimento di qualsiasi obiettivo, come rinuncia, sfiducia, sarcasmo distruttivo....

•*IMMERGITI NELLA NATURA*→Stare a contatto con la natura, prendersi cura di una pianta o di un animale aiuta a superare la chiusura nei confronti del mondo e di ciò che ti circonda, permette di spostare l'attenzione ossessiva concentrata solo su di te verso qualcosa di totalmente altro, che non ha niente a che vedere coi pensieri e i ragionamenti. Occuparsi di piante e animali fa sentire importanti, utili: la sensazione di essere indispensabili consente di accantonare la depressione e la svogliatezza, spingendoti a ritrovare interessi ed energia.

•ALLENATI AL DISTACCO→Più sei legato e dipendente da qualcosa, si tratti di beni, persone o convinzioni, più ti ritrovi prigioniero di una forma di possesso che vincola benessere e identità personale alla loro presenza. La felicità, in questi casi, dipende sempre da circostanze indipendenti dalla tua volontà. Al contrario, con il giusto distacco torni a dare valore alla tua libertà e all'autenticità che ti caratterizza nel profondo.

•*STOP AI LAMENTI*→Piangersi addosso è il modo migliore per dissipare importanti energie che si potrebbero impiegare in modo costruttivo. I lamenti, poi, non piacciono a nessuno e nei periodi di maggiore sconforto rischi di ritrovarti ancora più solo, contribuendo a definire un'immagine di te negativa e perdente. Alla lunga, il rischio è quello di incorrere nelle famigerate profezie che si autoavverano.

•*SI AL SANO EGOISMO*→Impara a esser esigente prima di tutto con te stesso. Non ascoltare chi ti offre consigli che non senti di approvare: fidati solo del tuo istinto e soddisfa le tue esigenze, quelle che sgorgano da dentro e definiscono chi sei, senza cadere vittima di una falsa morale confezionata dall'esterno. Ne guadagnerai in fiducia e personalità.

•*USA L'IMMAGINAZIONE*→*Focalizza la mente esclusivamente su immagini ed eventi piacevoli. Riesci a ricordare l'ultima volta in cui ti sei sentito felice, capace e appagato? Non devi fare altro che riassaporare quelle stesse sensazioni: gli occhi che brillavano, il senso di potenza, un'ondata di energia. Più volte al giorno, torna con la mente a quei momenti; a poco a poco, sentirai tristezza e depressione meno intollerabili.*

•*LIBERA LA MENTE CON LO SPORT*→*L'attività fisica rappresenta un'ottima valvola di sfogo, attraverso la quale è possibile contrastare ansia, stress e depressione. Lo sport, inoltre, favorisce la produzione di sostanze cerebrali (endorfine, dopamina, serotonina e noradrenalina) che potenziano il tono dell'umore, migliorano la condizione generale di benessere e combattono l'umor nero.*

•**FRENA IL GIUDIZIO**→Pensare che il tuo valore sia unicamente legato ai risultati ottenuti e alla possibilità di aver realizzato i tuoi progetti comporta un'eccessiva identificazione con obiettivi e ragionamenti presenti spesso solo nella mente superficiale. Il fallimento di un progetto non significa e non implica necessariamente il tuo fallimento come individuo.

•**FERMA LA RAZIONALITA'**→Quando tendi a gestire e organizzare la vita usando solo la testa, cercando di controllare e razionalizzare ogni cosa, rischi solo di renderti più fragile e di spalancare le porte a disistima e depressione. Ogni tanto, fai qualcosa di spensierato e senza scopo apparente e lascia che un po' di sana spontaneità trovi spazio nella tua giornata: per *combattere la depressione la ragione non serve, mentre è di grande aiuto perdere ogni tanto quel controllo ossessivo che alla lunga regala solo sofferenza.*

L'IMPORTANZA DEL SUPPORTO PSICOLOGICO

L'obiettivo del trattamento è ridurre il numero di attacchi di cuore e la loro intensità. Gli interventi psicologici sono spesso usati per il trattamento del disturbo di panico.

PET THERAPY

Quando si parla di pet therapy si intendono tutte quelle attività svolte a contatto con animali d'assistenza (cani e gatti per la maggiore) per risolvere e curare problemi come lo stress e l'ansia. Nonostante all'estero non sia conosciuta con questo termine, la pet therapy in Italia ha riscosso notevoli successi, tanto da essere riconosciuta ufficialmente nel 2002 dal Ministero della Sanità. Che cos'è la pet therapy?

La pet therapy più che definirla medicina alternativa è un valido sostegno alla medicina ufficiale e uno dei percorsi più consigliati per gli anziani, bambini e ragazzi affetti da autismo o altre forme di disabilità mentale e fisica. Il passare del prezioso tempo a contatto con animali domestici come cani e gatti ha dimostrato come la maggior parte dei disagi psico-sociali e della sfera bio-fisica abbiano riscosso delle migliorie nei pazienti. Il semplice portare a spasso al parco un cane, accarezzare un gatto mentre si legge un libro o si ascolta la musica, prendersi cura di loro spazzolandoli o dandogli da mangiare fa sì che il paziente si identifichi come amico (sfera sociale) ma anche come responsabile dell'animale, facendo sì che in questo modo impari ad essere autonomo e più sicuro di sé nelle azioni quotidiane. Perciò la pet therapy non viene considerata solo per scopi terapeutici ma anche come un momento educativo e di gioco. Le interazioni fra paziente e animale domestico stimolano le sensazioni in loro e fanno sì che insorgano nuovi interessi e modi di comunicare. Un altro tassello che serve per la corretta fruibilità ed efficacia della pet therapy è la presenza di un personale esperto ed istruito, in grado di accompagnare il paziente nel suo percorso, conoscere l'animale e sapere gestire con sicurezza e tranquillità tutto il periodo di terapia, gioco e apprendimento.

Gli animali perfetti per la pet therapy

Non vi è un animale giusto o sbagliato per questa terapia, anche se spesso e volentieri i più presenti sono i cani, gatti, cavalli, asini e conigli. Ciò che serve, qualsiasi sia l'animale scelto è che esso venga certificato da un veterinario esperto in pet therapy che valuterà se l'animale in questione ha tutti i requisiti sanitari e comportamentali per svolgere questo importante ruolo. È inoltre, fondamentale che oltre al paziente e all'animale vi sia una terza figura, ovvero il conduttore, colui che addestra ed educa l'animale domestico per la pet therapy. La loro relazione ed intesa deve essere molto forte affinché vi siano dei buoni risultati finali e il conduttore sarà presente al fianco del suo animale per tutto il percorso.

Dog therapy con i labrador

Il cane però rimane pur sempre l'animale domestico più presente durante le sedute di pet therapy, proprio per questo è stato dedicato un nome tutto suo, dog therapy. Non tutte le razze sono adatte, fra le più comuni e impiegate in questo importante "lavoro" sono i labrador, sia adulti ma anche i cuccioli di labrador, specialmente indicati per i pazienti che hanno delle difficoltà motorie che gli impediscono grandi movimenti e spostamenti. I cani labrador sono molto adatti a questo tipo di terapia in quanto sono animali fedeli e vivaci, in loro non vi è nessun meccanismo psicologico alla base del legame con il paziente ma puramente la voglia di giocare e donare affetto. Essi sono inoltre, in grado di comprendere il linguaggio del corpo umano e di percepire lo stato emotivo che trasmettiamo con le secrezioni ormonali, come ansia, stress, paura e tristezza. Ed è proprio grazie a questa sua abilità che fa si che i cani, siano adatti per la terapia in quanto sono in grado di rispondere a queste percezioni con gioco, vivacità, coccole e affetto. I cani, ma come tutti gli animali, non giudicano chi hanno di fronte e ciò favorisce che dall'altra parte non ci sia più il timore di dire o fare ciò che si sente e prova, ecco perché favoriscono nuovi modi di comunicare, che spesso vengono a mancare in pazienti come anziani o ragazzi autistici. Da tempo si è intuito che i bambini che soffrono di stress che interagiscono con i cani da terapia beneficiano di un miglioramento dell'umore e della riduzione dell'ansia. I ricercatori della Yale University hanno riferito che le interazioni non strutturate con un cane da terapia hanno stimolato le sensazioni positive dei bambini a seguito di un moderatore stressante rispetto ai bambini che hanno ricevuto un oggetto lenitivo (una coperta molle) o quelli che hanno semplicemente aspettato un breve periodo senza intervento. Anche i bambini che interagivano con un cane avevano un'angoscia ridotta rispetto a quelli che attendevano. La Good Dog Foundation ha contribuito a stabilire protocolli di studio che hanno chiarito gli effetti della pet therapy con cani, dando priorità alla sicurezza e al benessere sia umano che umano. L'organizzazione ha inoltre fornito ai team di terapia certificati di partecipare allo studio. I team di terapia per cani umani sono ampiamente disponibili in ambito sanitario e scolastico in tutti gli Stati Uniti. Lo studio afferma che "le interazioni con gli animali rappresentano un modo promettente per ridurre il peso della malattia mentale infantile su larga scala" e, mentre è necessaria più ricerca, la loro presenza è sempre più supportata da un crescente corpo scientifico sull'efficacia dell'animale nelle interazioni assistite. L'Istituto di Ricerca sui Legami Umani-Animali (HABRI) ha finanziato lo studio per comprendere meglio gli effetti emotivi e fisiologici sui bambini causati dai membri canini delle squadre cinofile.

Gli studi hanno precedentemente valutato gli effetti di cani e conduttori insieme, mentre questo studio ha esaminato l'impatto che un cane potrebbe avere. Il team di Yale ha messo in luce due importanti risultati: i cani, da soli, possono migliorare l'umore e la capacità dei bambini di affrontare l'ansia e possono farlo come un intervento terapeutico per il recupero dello stress. Lo studio ha incluso bambini pre-adolescenti (età 10-13) perché sono particolarmente suscettibili agli ostacoli al trattamento quali lo stigma percepito, il disagio che parla di problemi di salute mentale e che vogliono far fronte in modo indipendente, più i cani da terapia sono già ampiamente utilizzati per i bambini questo gruppo di età. I bambini sono stati randomizzati in tre gruppi: quelli che giocavano con un cane, quelli inseriti in un gruppo di controllo di stimolazione tattile con una coperta morbida e quelli in un gruppo di controllo in attesa. Tra i cani (quattro maschi, quattro femmine) *che hanno contribuito alla raccolta dei dati, tutti sono stati certificati come cani da terapia dalla Fondazione Good Dog o da un'altra organizzazione di cani da terapia (ad esempio, Pet Partners). Prima dell'esposizione ai bambini, tutti i cani sono stati familiarizzati con le impostazioni di laboratorio e sottoposti a screening in merito all'adeguatezza delle procedure di studio. Per proteggere la sicurezza e il benessere dei partecipanti umani e canini durante gli interventi di 15 minuti, uno sperimentatore ha supervisionato tutte le interazioni dall'angolo della stanza. Gli stessi handler dei cani osservavano anche da dietro uno specchio a due vie. Lo stress fisiologico dei bambini è stato testato tramite i livelli di cortisolo salivare per tutta la durata dello studio. I partecipanti ai tre bracci di studio non differivano in termini di età, razza / etnia, sesso, esperienza con i cani o altre misure che esplorano i sentimenti e il comportamento dei bambini nei confronti* degli animali da compagnia. In seguito all'esposizione a un'attività stressante, i bambini che interagivano con un cane mostravano livelli significativamente più alti di effetti positivi rispetto ai partecipanti che ricevevano la stimolazione tattile senza alcuna interazione ($p = 0{,}007$) o attesa (una media differenza di 1,92 punti ($p = 0{,}025$). Inoltre, i bambini che giocavano con un cane avevano punteggi di ansia significativamente più bassi rispetto ai partecipanti nella condizione di attesa (una differenza media di 3,63 punti; $p = 0{,}003$) Non è stata rilevata alcuna differenza statistica tra quelli nella condizione di controllo della stimolazione tattile ($p = 0{,}065$) e quelli che interagivano con i cani. Molly K. Crossman, autrice principale dello studio al Dipartimento di Psicologia dell'Università di Yale, ha commentato: "La cosa interessante è che lo studio ci avvicina di più alla domanda se ci sia qualcosa di speciale nei cani, in termini di *capacità di aiutare i bambini a riprendersi dallo stress. Stanno facendo qualcosa di meglio di un'altra strategia comune di coping – la stimolazione tattile da un oggetto calmante – e che merita ulteriori ricerche in modo da poter costruire interventi efficaci ed efficienti. Siamo grati a The Good Dog Foundation per il loro ruolo nel contribuire a stabilire i protocolli di selezione e cura dei cani e per collegarci con un numero di team cinofili eccezionali, che sono stati essenziali per il successo del progetto". Il direttore del consiglio della Good Dog Foundation, Heidi Greene, e il suo cane, Deuce, che hanno partecipato allo studio di Yale, hanno lavorato insieme come team di terapia certificato per oltre un decennio. Lei spiega e ringrazia per la collaborazione: "Per lo più facciamo volontariato in strutture psichiatriche e con i bambini nei programmi di lettura. Abbiamo visto come una breve visita e le coccole di Deuce possono portare il conforto necessario. Ma, lavorare con il* gruppo di studio di Yale per aiutare a codificare come i cani aiutano gli umani a guarire è stato elettrizzante, un privilegio particolare. Come organizzazione, The Good Dog Foundation si impegna ad avviare e partecipare alla ricerca con partner accademici stimati come Yale. Fa parte della nostra missione allargare la base delle prove e la nostra comprensione dell'interazione uomo-animale".

Dopotutto, si sa, i farmaci non sono tutto...

Epilogo

eccoci qui, giunti a conclusione di codesto nostro viaggio di conoscenza del mondo orribile e difficile che vivono tutti coloro che anche se in minima parte sono affetti da uno o addirittura tutti e tre contemporaneamente i mostri invisibili. Purtroppo ancora oggi nel 2021 esistono persone che non sono in grado di capire o almeno avere la sensibilità di non bullizzare chi ha la sfortuna di incontrare i mostri inducendoli spesso al suicidio. Spero che nel mio piccolo, riesca a dare forza a chi come me lotta ogni giorno contro queste bestie e un po' di insegnamenti e di valori morali agli ignoranti e poveri d'animo che ci giudicano. Ricordate che chi lotta per questo, è una persona speciale, unica, rara e con una grande anima bella e pura; non vi scoraggiate e non demordete, la natura ha qualcosa di estremamente meraviglioso in serbo per voi.
Irene.